Sophokles
Antigone

Griechisch / Deutsch

Übersetzt und herausgegeben
von Norbert Zink

Philipp Reclam jun. Stuttgart

Erläuterungen und Dokumente zu Sophokles' *Antigone* liegen unter Nr. 8195 in Reclams Universal-Bibliothek vor.

Für Schüler: Lektüreschlüssel zu *Antigone*
Reclams Universal-Bibliothek Nr. 15348

Walter Marg,
dem Lehrer

RECLAMS UNIVERSAL-BIBLIOTHEK Nr. 7682
Alle Rechte vorbehalten
© 1981 Philipp Reclam jun. GmbH & Co., Stuttgart
Die Aufführungs- und Senderechte für Bühne, Hörfunk und Fernsehen
vergibt der Steyer Verlag, Münchner Straße 18, 83395 Freilassing
Gesamtherstellung: Reclam, Ditzingen. Printed in Germany 2007
RECLAM, UNIVERSAL-BIBLIOTHEK und
RECLAMS UNIVERSAL-BIBLIOTHEK sind eingetragene Marken
der Philipp Reclam jun. GmbH & Co., Stuttgart
ISBN 978-3-15-007682-8

www.reclam.de

ΑΝΤΙΓΟΝΗ

Antigone

Τὰ τοῦ δράματος πρόσωπα

Ἀντιγόνη (ΑΝ.)
Ἰσμήνη (ΙΣ.)
Χορὸς Θηβαίων γερόντων (ΧΟ.)
Κρέων (ΚΡ.)
Φύλαξ (ΦΥ.)
Αἵμων (ΑΙ.)
Τειρεσίας (ΤΕ.)
Ἄγγελος (ΑΓ.)
Εὐρυδίκη (ΕΥ.)
Ἐξάγγελος (ΕΞ.)

PERSONEN

Antigone (AN.)
Ismene (IS.)
Chor der thebanischen Greise (CH.)
Kreon (KR.)
Ein Wächter (WÄ.)
Haimon (HAI.)
Teiresias (TE.)
Ein Bote (BO.)
Eurydike (EU.)
Zweiter Bote (BO.)

ΠΡΟΛΟΓΟΣ

ΑΝ. Ὦ κοινὸν αὐτάδελφον Ἰσμήνης κάρα,
ἆρ' οἶσθ', ὅ τι Ζεὺς τῶν ἀπ' Οἰδίπου κακῶν
ὁποῖον οὐχὶ νῷν ἔτι ζώσαιν τελεῖ;
οὐδὲν γὰρ οὔτ' ἀλγεινὸν οὔτ' ἄτης ἄτερ
οὔτ' αἰσχρὸν οὔτ' ἄτιμον ἔσθ', ὁποῖον οὐ   5
τῶν σῶν τε κἀμῶν οὐκ ὄπωπ' ἐγὼ κακῶν.
καὶ νῦν τί τοῦτ' αὖ φασι πανδήμῳ πόλει
κήρυγμα θεῖναι τὸν στρατηγὸν ἀρτίως;
ἔχεις τι κεἰσήκουσας; ἤ σε λανθάνει
πρὸς τοὺς φίλους στείχοντα τῶν ἐχθρῶν κακά;   10
ΙΣ. ἐμοὶ μὲν οὐδεὶς μῦθος, Ἀντιγόνη, φίλων
οὔθ' ἡδὺς οὔτ' ἀλγεινὸς ἵκετ', ἐξ ὅτου
δυοῖν ἀδελφοῖν ἐστερήθημεν δύο,
μιᾷ θανόντων ἡμέρᾳ διπλῇ χερί·
ἐπεὶ δὲ φροῦδός ἐστιν Ἀργείων στρατὸς   15
ἐν νυκτὶ τῇ νῦν, οὐδὲν οἶδ' ὑπέρτερον,
οὔτ' εὐτυχοῦσα μᾶλλον οὔτ' ἀτωμένη.
ΑΝ. ᾔδη καλῶς, καί σ' ἐκτὸς αὐλείων πυλῶν
τοῦδ' οὕνεκ' ἐξέπεμπον, ὡς μόνη κλύοις.
ΙΣ. τί δ' ἔστι; δηλοῖς γάρ τι καλχαίνουσ' ἔπος.   20
ΑΝ. οὐ γὰρ τάφου νῷν τὼ κασιγνήτω Κρέων
τὸν μὲν προτίσας, τὸν δ' ἀτιμάσας ἔχει;
Ἐτεοκλέα μέν, ὡς λέγουσι, σὺν δίκῃ
χρησθεὶς δικαίᾳ καὶ νόμῳ κατὰ χθονὸς
ἔκρυψε τοῖς ἔνερθεν ἔντιμον νεκροῖς·   25

PROLOG

Antigone tritt aus dem Palast, Ismene nach sich ziehend.

AN. Vom gleichen Blut, schwesterlich verbunden, Ismenes Haupt,
kennst du nur eines der von Ödipus herkommenden Leiden,
welches Zeus an uns beiden noch Lebenden nicht erfüllt?
Denn nichts Schmerzendes, nichts ohne Unheil,
nichts Schändliches, nichts Entehrendes gibt es, das ich nicht 5
in deinem und meinem Unglück gesehen habe.
Und jetzt, was ist dies wieder – wie sie sagen –
für eine Verfügung, die der Herr des Militärs vor allem Volk verkünden ließ?
Weißt du etwas und hast du's gehört? Oder merkst du
gegen die Freunde gerichtete Anschläge der Feinde nicht? 10
IS. Mir kam kein Wort, Antigone, von Freunden,
weder ein angenehmes noch ein schmerzendes, seit
beide Brüder verloren wir zwei,
als an einem Tage sie starben durch zweifachen Streich.
Nachdem aber fort ist der Argeier Heer, 15
in dieser Nacht jetzt, weiß ich nichts weiteres,
weder daß es mir besser noch schlechter erginge.
AN. Dies dacht' ich mir, und dich ließ ich vor das Hoftor
deswegen kommen, damit du allein es hörst.
IS. Was gibt es? Man sieht, du bist aufgewühlt über die Kunde. 20
AN. Hat nämlich nicht der Bestattung unsere beiden Brüder Kreon
den einen gewürdigt, dem anderen sie verwehrt?
Den Eteokles zwar hat er, wie man sagt, nach dem Recht,
in richtiger Anwendung, und nach dem Brauch in der Erde
bestattet, mit reichen Ehren bei den Toten. 25

τὸν δ' ἀθλίως θανόντα Πολυνείκους νέκυν
ἀστοῖσί φασιν ἐκκεκηρῦχθαι τὸ μὴ
τάφῳ καλύψαι μηδὲ κωκῦσαί τινα,
ἐᾶν δ' ἄταφον, ἄκλαυτον, οἰωνοῖς γλυκὺν
θησαυρὸν εἰσορῶσι πρὸς χάριν βορᾶς. 30
τοιαῦτά φασι τὸν ἀγαθὸν Κρέοντά σοι
κἀμοί – λέγω γὰρ κἀμέ – κηρύξαντ' ἔχειν
καὶ δεῦρο νεῖσθαι ταῦτα τοῖσι μὴ εἰδόσιν
σαφῆ προκηρύξοντα καὶ τὸ πρᾶγμ' ἄγειν
οὐχ ὡς παρ' οὐδέν, ἀλλ' ὃς ἂν τούτων τι δρᾷ, 35
φόνον προκεῖσθαι δημόλευστον ἐν πόλει.
οὕτως ἔχει σοι ταῦτα, καὶ δείξεις τάχα,
εἴτ' εὐγενὴς πέφυκας εἴτ' ἐσθλῶν κακή.
ΙΣ. τί δ', ὦ ταλαῖφρον, εἰ τάδ' ἐν τούτοις, ἐγὼ
λύουσ' ἂν ἢ 'φάπτουσα προσθείμην πλέον; 40
ΑΝ. εἰ ξυμπονήσεις καὶ ξυνεργάσει, σκόπει.
ΙΣ. ποῖόν τι κινδύνευμα; ποῖ γνώμης ποτ' εἶ;
ΑΝ. εἰ τὸν νεκρὸν ξὺν τῇδε κουφιεῖς χερί.
ΙΣ. ἦ γὰρ νοεῖς θάπτειν σφ', ἀπόρρητον πόλει;
ΑΝ. τὸν γοῦν ἐμὸν καὶ τὸν σόν, ἢν σὺ μὴ θέλῃς, 45
ἀδελφόν· οὐ γὰρ δὴ προδοῦσ' ἁλώσομαι.
ΙΣ. ὦ σχετλία, Κρέοντος ἀντειρηκότος;
ΑΝ. ἀλλ' οὐδὲν αὐτῷ τῶν ἐμῶν μ' εἴργειν μέτα.
ΙΣ. οἴμοι· φρόνησον, ὦ κασιγνήτη, πατὴρ
ὡς νῷν ἀπεχθὴς δυσκλεής τ' ἀπώλετο 50
πρὸς αὐτοφώρων ἀμπλακημάτων διπλᾶς

Antigone 9

Den elend Gefallenen, des Polyneikes Leiche aber
– den Städtern sagt man, sei es kundgetan – solle man nicht
im Grabe bergen, und auch keiner solle um ihn klagen,
sondern ihn unbeklagt, unbestattet lassen, den Vögeln ein
                                                    begehrter
Vorrat, wenn sie ihn sehen, zu willkommenem Fraß.   30
Solches hat, wie man sagt, der hervorragende Kreon dir
und mir, ja ich sage auch mir, verkünden lassen
und daß hierher er komme, um dies denen, die es nicht
                                                    wissen,
in aller Deutlichkeit zu sagen, und daß er die Sache so
                                                    angehe,
als habe sie volles Gewicht, und daß jedem, der davon etwas
                                                    tut,   35
der Tod drohe durch öffentliche Steinigung in der Stadt.
So steht es für dich, und bald wirst du zeigen können,
ob du wohlgeboren bist oder bei edler Abstammung
                                                    schlecht.
IS. Was, du Unglückselige, wenn dem so ist, könnte ich,
lösend oder knüpfend dazu tun?   40
AN. Ob du die Mühe mit mir teilen und mithelfen willst,
                                                    sieh zu.
IS. Was für ein riskantes Stück? Wohin in deinem Denken
                                                    nur gehst du?
AN. Ob du den Toten zusammen mit dieser Hand aufhebst!
IS. Ja denkst du denn ihn zu bestatten, wo es verboten ist in
                                                    der Stadt?
AN. Meinen doch und deinen Bruder, auch so du nicht
                                                    willst;   45
nicht will ich nämlich als Verräterin so dastehn.
IS. Entsetzliche! Bei Kreons ausdrücklichem Verbot?
AN. Aber es steht ihm überhaupt nicht zu, von den Meinen
                                                    mich wegzudrängen.
IS. Ach mir! Bedenke, Schwester, der Vater,
wie er uns verhaßt und ruhmlos zugrunde ging,   50
als nach selbstentdeckten Verbrechen beide

ὄψεις ἀράξας αὐτὸς αὐτουργῷ χερί·
ἔπειτα μήτηρ καὶ γυνή, διπλοῦν ἔπος,
πλεκταῖσιν ἀρτάναισι λωβᾶται βίον·
τρίτον δ' ἀδελφὼ δύο μίαν καθ' ἡμέραν   55
αὐτοκτονοῦντε τὼ ταλαιπώρω μόρον
κοινὸν κατειργάσαντ' ἐπαλλήλοιν χεροῖν.
νῦν δ' αὖ μόνα δὴ νὼ λελειμμένα σκόπει
ὅσῳ κάκιστ' ὀλούμεθ', εἰ νόμου βίᾳ
ψῆφον τυράννων ἢ κράτη παρέξιμεν.   60
ἀλλ' ἐννοεῖν χρὴ τοῦτο μέν, γυναῖχ' ὅτι
ἔφυμεν, ὡς πρὸς ἄνδρας οὐ μαχουμένα·
ἔπειτα δ', οὕνεκ' ἀρχόμεσθ' ἐκ κρεισσόνων,
καὶ ταῦτ' ἀκούειν κἄτι τῶνδ' ἀλγίονα.
ἐγὼ μὲν οὖν αἰτοῦσα τοὺς ὑπὸ χθονὸς   65
ξύγγνοιαν ἴσχειν, ὡς βιάζομαι τάδε,
τοῖς ἐν τέλει βεβῶσι πείσομαι· τὸ γὰρ
περισσὰ πράσσειν οὐκ ἔχει νοῦν οὐδένα.
ΑΝ. οὔτ' ἂν κελεύσαιμ' οὔτ' ἄν, εἰ θέλοις ἔτι
πράσσειν, ἐμοῦ γ' ἂν ἡδέως δρῴης μέτα.   70
ἀλλ' ἴσθ' ὁποῖά σοι δοκεῖ· κεῖνον δ' ἐγὼ
θάψω. καλόν μοι τοῦτο ποιούσῃ θανεῖν.
φίλη μετ' αὐτοῦ κείσομαι, φίλου μέτα,
ὅσια πανουργήσασ'· ἐπεὶ πλείων χρόνος,
ὃν δεῖ μ' ἀρέσκειν τοῖς κάτω τῶν ἐνθάδε.   75
ἐκεῖ γὰρ αἰεὶ κείσομαι. σὺ δ', εἰ δοκεῖ,
τὰ τῶν θεῶν ἔντιμ' ἀτιμάσασ' ἔχε.

Antigone 11

Augen er ausstach, selbst, mit eigentätiger Hand.
Dann, die Mutter und Gattin, ein doppeltes Wort,
mit geflochtener Schlinge machte sie schändlich ihrem Leben
        ein Ende.
Zum dritten, es brachten sich beide Brüder, an einem
        Tage,   55
den Tod bei, die Unglückseligen, und erfüllten ein
        Verhängnis,
für sie gemeinsam, mit gegeneinander gerichteten Händen.
Jetzt aber hinwiederum sind wir beide allein noch übrig;
        bedenk,
wie schmählich wir sterben müssen, wenn dem Gesetz zu
        Trotz
wir den Beschluß der Herrscher oder ihre Macht
        übertreten.   60
Nein, bedenken muß man dies einmal, daß als Frauen
wir geboren wurden, um gegen Männer nicht zu kämpfen.
Dann aber, daß wir beherrscht werden von Stärkeren
und daß wir dies hören müssen und noch Schmerzlicheres
        als dies.
Ich nun will die Unterirdischen bitten,   65
Verzeihung zu gewähren, weil ich gezwungen werde dazu,
        und
den fest im Amte Stehenden will ich mich fügen; denn das
Vermessene zu tun hat keinen Sinn.
AN. Weder mag ich dich bitten, noch, wenn du
mitmachen wolltest, wirst du es mit mir zu meiner Freude
        tun.   70
Sei nun, wie es dir richtig erscheint. Jenen aber werde ich
bestatten. Schön für mich, danach zu sterben!
Lieb werde ich bei ihm liegen, mit dem Lieben zusammen,
nach frommem Frevel. Denn länger ist die Zeit,
die ich gefallen muß den Unteren als denen hier oben.   75
Dort nämlich werde ich immer liegen. Du aber, wenn es dir
        recht erscheint,
entehre das bei den Göttern Ehrenhafte.

ΙΣ. ἐγὼ μὲν οὐκ ἄτιμα ποιοῦμαι, τὸ δὲ
  βίᾳ πολιτῶν δρᾶν ἔφυν ἀμήχανος.
ΑΝ. σὺ μὲν τάδ' ἂν προύχοι'· ἐγὼ δὲ δὴ τάφον   80
  χώσουσ' ἀδελφῷ φιλτάτῳ πορεύσομαι.
ΙΣ. οἴμοι ταλαίνης, ὡς ὑπερδέδοικά σου.
ΑΝ. μή μου προτάρβει· τὸν σὸν ἐξόρθου πότμον.
ΙΣ. ἀλλ' οὖν προμηνύσῃς γε τοῦτο μηδενὶ
  τοὔργον, κρυφῇ δὲ κεῦθε, σὺν δ' αὕτως ἐγώ.   85
ΑΝ. οἴμοι, καταύδα· πολλὸν ἐχθίων ἔσει
  σιγῶσ', ἐὰν μὴ πᾶσι κηρύξῃς τάδε.
ΙΣ. θερμὴν ἐπὶ ψυχροῖσι καρδίαν ἔχεις.
ΑΝ. ἀλλ' οἶδ' ἀρέσκουσ', οἷς μάλισθ' ἁδεῖν με χρή.
ΙΣ. εἰ καὶ δυνήσει γ'· ἀλλ' ἀμηχάνων ἐρᾷς.   90
ΑΝ. οὐκοῦν, ὅταν δὴ μὴ σθένω, πεπαύσομαι.
ΙΣ. ἀρχὴν δὲ θηρᾶν οὐ πρέπει τἀμήχανα.
ΑΝ. εἰ ταῦτα λέξεις, ἐχθαρεῖ μὲν ἐξ ἐμοῦ,
  ἐχθρὰ δὲ τῷ θανόντι προσκείσει δίκῃ.
  ἀλλ' ἔα με καὶ τὴν ἐξ ἐμοῦ δυσβουλίαν   95
  παθεῖν τὸ δεινὸν τοῦτο· πείσομαι γὰρ οὐ
  τοσοῦτον οὐδὲν ὥστε μὴ οὐ καλῶς θανεῖν.
ΙΣ. ἀλλ' εἰ δοκεῖ σοι, στεῖχε· τοῦτο δ' ἴσθ', ὅτι
  ἄνους μὲν ἔρχει, τοῖς φίλοις δ' ὀρθῶς φίλη.

IS. Ich schätze es der Ehre nicht unwert, aber
zum Trotz der Bürger zu handeln, bin ich unfähig.
AN. Du zwar magst dies vorschützen; ich aber werde nun
                              ein Grab   80
dem liebsten Bruder graben gehen.
IS. Weh mir Ärmsten, wie habe ich Angst um dich!
AN. Nicht um mich sorge dich; dein Geschick bring in
                              Ordnung.
IS. Aber dann verrate dies wenigstens niemandem,
dieses dein Tun, geheim aber verberge es, ebenso wie
                              ich.   85
AN. Ach! Erzähle es laut überall! Viel verhaßter wirst du
                              sein
durch Verschweigen, wenn du nicht dies allen verkündest.
IS. Bei eisigen Dingen hast du ein heißes Herz.
AN. Aber ich weiß zu gefallen, wem am meisten ich gefallen
                              muß.
IS. Wenn du es auch nur könntest; aber Unmögliches willst
                              du.   90
AN. Nun, wenn ich es denn nicht schaffe, wird es ein Ende
                              geben.
IS. Von vorneherein dem Unmöglichen nachjagen ist nicht
                              richtig.
AN. Wenn du das meinst, wirst du von mir gehaßt werden,
verhaßt aber wirst du dem Toten gegenüberstehen mit
                              Recht.
Nein, laß mich und die Torheit, die aus mir
                              herauskommt,   95
erleiden das Schreckliche da; denn erleiden werde ich nicht
so Schlimmes, daß es nicht schön wäre zu sterben.
IS. Wohlan, wenn es dir so recht erscheint, geh! Dies aber
                              wisse, daß
im Unverstand du gehst, den Lieben aber recht in der Liebe.

ΠΑΡΟΔΟΣ

ΧΟΡΟΣ.

Στροφὴ α'

Ἀκτὶς ἀελίου, τὸ κάλ-
λιστον ἑπταπύλῳ φανὲν
Θήβᾳ τῶν προτέρων φάος,
ἐφάνθης ποτ', ὦ χρυσέας
ἁμέρας βλέφαρον, Διρκαί-
ων ὑπὲρ ῥεέθρων μολοῦσα,
τὸν λεύκασπιν Ἀργόθεν ἐκ
φῶτα βάντα πανσαγίᾳ
φυγάδα πρόδρομον ὀξυτέρῳ
κινήσασα χαλινῷ·
ὃν ἐφ' ἡμετέρᾳ γᾷ Πολυνείκης
ἀρθεὶς νεικέων ἐξ ἀμφιλόγων
ἤγαγε· κεῖνος δ' ὀξέα κλάζων
αἰετὸς εἰς γῆν ὣς ὑπερέπτη,
λευκῆς χιόνος πτέρυγι στεγανὸς
πολλῶν μεθ' ὅπλων
ξύν θ' ἱπποκόμοις κορύθεσσιν.

Ἀντιστροφὴ α'

Στὰς δ' ὑπὲρ μελάθρων φονώ-
σαισιν ἀμφιχανὼν κύκλῳ
λόγχαις ἑπτάπυλον στόμα
ἔβα, πρίν ποθ' ἁμετέρων
αἱμάτων γένυσιν πλησθῆ-
ναί τε καὶ στεφάνωμα πύργων
πευκάενθ' Ἥφαιστον ἑλεῖν.
τοῖος ἀμφὶ νῶτ' ἐτάθη
πάταγος Ἄρεος, ἀντιπάλῳ

ERSTES EINZUGSLIED

CHOR.

Strophe 1

Strahl der Sonne, das schön-
ste Licht, das dem siebentorigen Theben aufging
von allen früheren,
endlich bist du erschienen, o goldenen
Tages Auge; über die Dirkä-
ischen Fluten kamst du,
den Mann mit dem weißen Schild aus Argos,
der in voller Rüstung antrat,
den triebst du, daß er flüchtend davonlief
mit schärfer angelegtem Zügel.
Ihn hatte gegen unser Land Polyneikes geführt,
als der sich erhob infolge trennenden Streites;
jener aber flog mit schrillem Schrei
wie ein Adler ins Land,
von schneeweißem Gefieder bedeckt,
mit vielen Waffen
und roßhaargeschmückten Helmen.

Gegenstrophe 1

Er stand über den Dächern mit tod-
bringenden Lanzen, rings umlauernd
den siebentorigen Mund;
er mußte gehen, ehe noch mit unserem
Blut er seinen Rachen sättig-
te und ehe den Kranz der Türme
Hephaist mit seiner Kienfackel erfaßte.
Also erhob sich im Rücken
ein Wirbel des Ares, für den Gegner

δυσχείρωμα δράκοντος.
Ζεὺς γὰρ μεγάλης γλώσσης κόμπους
ὑπερεχθαίρει, καί σφας ἐσιδὼν
πολλῷ ῥεύματι προσνισσομένους
χρυσοῦ καναχῆς ὑπεροπλίαις, 130
παλτῷ ῥιπτεῖ πυρὶ βαλβίδων
ἐπ' ἄκρων ἤδη
νίκην ὁρμῶντ' ἀλαλάξαι.

Στροφὴ β'

Ἀντιτύπᾳ δ' ἐπὶ γᾷ πέσε τανταλωθεὶς
πυρφόρος, ὃς τότε μαινομένᾳ ξὺν ὁρμᾷ 135
βακχεύων ἐπέπνει
ῥιπαῖς ἐχθίστων ἀνέμων.
εἶχε δ' ἄλλα τὰ μέν,
ἄλλα δ' ἐπ' ἄλλοις ἐπενώμα στυφελίζων μέγας
                                        Ἄρης
δεξιόσειρος. 140
    ἑπτὰ λοχαγοὶ γὰρ ἐφ' ἑπτὰ πύλαις
ταχθέντες ἴσοι πρὸς ἴσους ἔλιπον
Ζηνὶ τροπαίῳ πάγχαλκα τέλη,
πλὴν τοῖν στυγεροῖν, ὣ πατρὸς ἑνὸς
μητρός τε μιᾶς φύντε καθ' αὑτοῖν 145
δικρατεῖς λόγχας στήσαντ' ἔχετον
κοινοῦ θανάτου μέρος ἄμφω.

Ἀντιστροφὴ β'

Ἀλλὰ γὰρ ἁ μεγαλώνυμος ἦλθε Νίκα
τᾷ πολυαρμάτῳ ἀντιχαρεῖσα Θήβᾳ,
ἐκ μὲν δὴ πολέμων 150
τῶν νῦν θέσθε λησμοσύναν,
θεῶν δὲ ναοὺς χοροῖς

des Drachens nicht zu bewältigen.
Denn Zeus haßt großsprecherischer Zunge Prahlen
über alles, und als er sie sah,
wie sie sich in breitem Strom heranwälzten
übermütig in goldklirrender Rüstung, 130
warf er den Blitz nach dem,
der auf den hohen Mauern
schon ansetzte, »Sieg« zu schreien.

Strophe 2

Auf die Erde stürzte er, hingeschmettert, daß sie dröhnte,
der Feuerbringer, der in wildem Angriff 135
bakchisch taumelnd heranschnob
mit der Urgewalt feindlicher Stürme.
Doch es erging ihm nicht wie erwartet,
den anderen teilte mit schwerem Schlag ihr Los zu der
                                       mächtige Ares,
der kraftvolle Helfer. 140
Denn sieben Führer an den sieben Toren
aufgestellt, Mann gegen Mann, ließen
dem siegverleihenden Zeus den ehernen Tribut,
außer dem schrecklichen Brüderpaar, das von einem Vater
und einer Mutter abstammend gegeneinander 145
die beidstarken Lanzen richtete und den Teil
gemeinsamen Todes bekam, beide zusammen.

Gegenstrophe 2

Aber es kam Nike, mit dem großen Namen,
jubelnd entgegen der wagenreichen Thebe
nach dem Kriege denn: 150
Macht Platz dem Vergessen jetzt,
gehen wir doch zu allen Tempeln der Götter

18   Ἀντιγόνη

παννυχίοις πάντας ἐπέλθωμεν, ὁ Θήβας
                                        δ' ἐλελίχθων
Βάκχιος ἄρχοι.

ἀλλ' ὅδε γὰρ δὴ βασιλεὺς χώρας,   155
Κρέων ὁ Μενοικέως, νεοχμὸς τάγος
νεαραῖσι θεῶν ἐπὶ συντυχίαις
χωρεῖ, τίνα δὴ μῆτιν ἐρέσσων,
ὅτι σύγκλητον τήνδε γερόντων
προύθετο λέσχην,   160
κοινῷ κηρύγματι πέμψας;

ΕΠΕΙΣΟΔΙΟΝ α'

ΚΡ. Ἄνδρες, τὰ μὲν δὴ πόλεος ἀσφαλῶς θεοί,
πολλῷ σάλῳ σείσαντες, ὤρθωσαν πάλιν·
ὑμᾶς δ' ἐγὼ πομποῖσιν ἐκ πάντων δίχα
ἔστειλ' ἱκέσθαι, τοῦτο μὲν τὰ Λαΐου   165
σέβοντας εἰδὼς εὖ θρόνων ἀεὶ κράτη,
τοῦτ' αὖθις, ἡνίκ' Οἰδίπους ὤρθου πόλιν,
κἀπεὶ διώλετ', ἀμφὶ τοὺς κείνων ἔτι
παῖδας μένοντας ἐμπέδοις φρονήμασιν.
ὅτ' οὖν ἐκεῖνοι πρὸς διπλῆς μοίρας μίαν   170
καθ' ἡμέραν ὤλοντο παίσαντές τε καὶ
πληγέντες αὐτόχειρι σὺν μιάσματι,
ἐγὼ κράτη δὴ πάντα καὶ θρόνους ἔχω

Antigone 19

im Tanz die ganze Nacht lang, der Erschütterer Thebens,
Bakchios gehe voran.

Doch siehe, es kommt nunmehr König dieses Landes   155
Kreon, des Menoikeus Sohn, ein neuer Führer
durch die letzte glückliche Fügung der Götter;
welche Überlegungen wälzt er hin und her,
daß er diesen Rat der Alten
zum Gespräch bestellte   160
durch allen gemeinsamen Heroldsruf?

ERSTER AUFTRITT

Kreon tritt auf.

KR. Bürger, die Geschicke unserer Stadt haben nun die
                                              Götter,
nachdem sie sie in hohem Wogenschwall geschüttelt, sicher
                                         wieder aufgerichtet.
Euch aber habe ich durch Boten vor allen anderen
bestellt zu kommen, einerseits wohl wissend, daß ihr die
                                   Macht von Laios'   165
Thron immer in rechter Weise geachtet,
andererseits daß ihr, als Ödipus die Stadt aufrecht hielt,
und dann nach seinem Tode, an der Seite der Kinder von
                                                   ihnen,
verbliebt, in unerschütterter Gesinnung.
Seit jene nun von doppeltem Geschick an einem   170
Tag fielen, schlagend und
getroffen in eigenhändiger Befleckung,
habe ich denn nun alle Macht und den Thron

Ἀντιγόνη

γένους κατ' ἀγχιστεῖα τῶν ὀλωλότων.
ἀμήχανον δὲ παντὸς ἀνδρὸς ἐκμαθεῖν 175
ψυχήν τε καὶ φρόνημα καὶ γνώμην, πρὶν ἂν
ἀρχαῖς τε καὶ νόμοισιν ἐντριβὴς φανῇ.
ἐμοὶ γὰρ ὅστις πᾶσαν εὐθύνων πόλιν
μὴ τῶν ἀρίστων ἅπτεται βουλευμάτων,
ἀλλ' ἐκ φόβου του γλῶσσαν ἐγκλήσας ἔχει, 180
κάκιστος εἶναι νῦν τε καὶ πάλαι δοκεῖ·
καὶ μεῖζον ὅστις ἀντὶ τῆς αὑτοῦ πάτρας
φίλον νομίζει, τοῦτον οὐδαμοῦ λέγω.
ἐγὼ γάρ, ἴστω Ζεὺς ὁ πάνθ' ὁρῶν ἀεί,
οὔτ' ἂν σιωπήσαιμι, τὴν ἄτην ὁρῶν 185
στείχουσαν ἀστοῖς ἀντὶ τῆς σωτηρίας,
οὔτ' ἂν φίλον ποτ' ἄνδρα δυσμενῆ χθονὸς
θείμην ἐμαυτῷ τοῦτο γιγνώσκων, ὅτι
ἥδ' ἐστὶν ἡ σῴζουσα καὶ ταύτης ἔπι
πλέοντες ὀρθῆς τοὺς φίλους ποιούμεθα. 190
τοιοῖσδ' ἐγὼ νόμοισι τήνδ' αὔξω πόλιν,
καὶ νῦν ἀδελφὰ τῶνδε κηρύξας ἔχω
ἀστοῖσι παίδων τῶν ἀπ' Οἰδίπου πέρι·
Ἐτεοκλέα μέν, ὃς πόλεως ὑπερμαχῶν
ὄλωλε τῆσδε, πάντ' ἀριστεύσας δόρι, 195
τάφῳ τε κρύψαι καὶ τὰ πάντ' ἐφαγνίσαι,
ἃ τοῖς ἀρίστοις ἔρχεται κάτω νεκροῖς·
τὸν δ' αὖ ξύναιμον τοῦδε, Πολυνείκη λέγω,
ὃς γῆν πατρῴαν καὶ θεοὺς τοὺς ἐγγενεῖς
φυγὰς κατελθὼν ἠθέλησε μὲν πυρὶ 200
πρῆσαι κατ' ἄκρας, ἠθέλησε δ' αἵματος
κοινοῦ πάσασθαι, τοὺς δὲ δουλώσας ἄγειν,
τοῦτον πόλει τῇδ' ἐκκεκήρυκται τάφῳ
μήτε κτερίζειν μήτε κωκῦσαί τινα,

gemäß der nahen Verwandtschaft mit den Toten.
Unmöglich aber ist es, zu ergründen jeden Mannes   175
Bewußtsein, seine Denkart, sein Wollen, bevor
er in Ämtern und Gesetzen sich als bewährt erwiesen hat.
Wer nämlich in der Führung des ganzen Staates
nicht nach den besten Beschlüssen greift,
sondern aus Furcht vor jemand den Mund verschlossen
                            hält,   180
der erscheint mir als ganz schlechter Mann, jetzt und schon
                            immer.
Und wer ein anderes Gut als das eigene Vaterland
für größer hält, der gilt in meinen Augen nichts.
Denn ich, das weiß Zeus, der immer alles sieht,
könnte weder schweigen, wenn ich Unglück   185
auf die Bürger zukommen sehe anstatt Wohlergehen,
noch würde ich je zum Freund einen Feind der Stadt
mir machen, aus der Erkenntnis,
daß nur sie es ist, die uns bewahrt, und daß bei
geradem Kurs von ihr allein wir Freunde gewinnen.   190
Nach solchen Grundsätzen werde ich diese Stadt mehren,
und nun habe ich, darauf bauend,
den Städtern angeordnet hinsichtlich der Söhne des Ödipus:
den Eteokles, der für diese Stadt mit letztem Einsatz kämpfte
und dabei den Tod fand, als Held im Kampfe fallend,   195
in einem Grab zu bestatten und alle Grabesspenden ihm
                            darzubringen,
die den Besten unserer Toten zuteil werden;
seinen Bruder dagegen, ich meine Polyneikes,
der die Vatererde und die einheimischen Götter,
als Flüchtling aus der Verbannung zurückgekommen, mit
                            Feuer   200
gänzlich verbrennen, sich am gemeinsamen Blut
sättigen, den Rest in die Sklaverei führen wollte,
den – so ist es unserer Stadt verkündet – weder mit einem
                            Grab
zu beehren noch ihn zu beklagen,

ἐᾶν δ' ἄθαπτον καὶ πρὸς οἰωνῶν δέμας 205
καὶ πρὸς κυνῶν ἐδεστὸν αἰκισθέν τ' ἰδεῖν.
τοιόνδ' ἐμὸν φρόνημα, κοὔποτ' ἔκ γ' ἐμοῦ
τιμὴ προέξουσ' οἱ κακοὶ τῶν ἐνδίκων·
ἀλλ' ὅστις εὔνους τῇδε τῇ πόλει, θανὼν
καὶ ζῶν ὁμοίως ἐξ ἐμοῦ τιμήσεται. 210
ΧΟ. σοὶ ταῦτ' ἀρέσκει, παῖ Μενοικέως Κρέον,
τὸν τῇδε δύσνουν καὶ τὸν εὐμενῆ πόλει.
νόμῳ δὲ χρῆσθαι παντὶ πού γ' ἔνεστί σοι
καὶ τῶν θανόντων χὠπόσοι ζῶμεν πέρι.
ΚΡ. ὡς ἂν σκοποὶ νῦν ἦτε τῶν εἰρημένων – 215
ΧΟ. νεωτέρῳ τῷ τοῦτο βαστάζειν πρόθες.
ΚΡ. ἀλλ' εἴσ' ἕτοιμοι τοῦ νεκροῦ γ' ἐπίσκοποι.
ΧΟ. τί δῆτ' ἂν ἄλλο τοῦτ' ἐπεντέλλοις ἔτι;
ΚΡ. τὸ μὴ 'πιχωρεῖν τοῖς ἀπιστοῦσιν τάδε.
ΧΟ. οὐκ ἔστιν οὕτω μῶρος, ὃς θανεῖν ἐρᾷ. 220
ΚΡ. καὶ μὴν ὁ μισθός γ' οὗτος· ἀλλ' ὑπ' ἐλπίδων
ἄνδρας τὸ κέρδος πολλάκις διώλεσεν.

ΦΥ. ἄναξ, ἐρῶ μὲν οὐχ ὅπως τάχους ὕπο
δύσπνους ἱκάνω κοῦφον ἐξάρας πόδα.
πολλὰς γὰρ ἔσχον φροντίδων ἐπιστάσεις, 225
ὁδοῖς κυκλῶν ἐμαυτὸν εἰς ἀναστροφήν·
ψυχὴ γὰρ ηὔδα πολλά μοι μυθουμένη·
τάλας, τί χωρεῖς οἷ μολὼν δώσεις δίκην;
τλήμων, μένεις αὖ; κεἰ τάδ' εἴσεται Κρέων

sondern ihn unbestattet zu lassen, den Vögeln
und Hunden ein Fraß, und als geschändet anzusehen.
So gehen meine Gedanken, und niemals werden von mir aus
in ihrer Stellung die Schlechten den Vorzug haben vor den
Gerechten.
Doch wer dieser Stadt wohlgesinnt, wird im Tode
wie im Leben in gleicher Weise von mir die gebührende
Achtung erfahren.
CHORFÜHRER. Dies ist in deine Macht gestellt, Kreon,
Sohn des Menoikeus,
im Hinblick auf den, der dieser Stadt übel als auch den, der
ihr gut gesinnt ist:
jegliche Regelung zu treffen ist dir erlaubt
über die Toten als auch über die, die wir leben.
KR. Seid mir nun Wächter des Gesagten!
CH. Einem Jüngeren ordne diese Last zu tragen an!
KR. Nun, Wachen bei dem Toten stehen bereit.
CH. Was könntest du uns noch anderes weiter aufgeben?
KR. Nicht Raum zu geben denen, die in diesem Punkt den
Gehorsam versagen.
CH. So dumm ist keiner, daß er zu sterben wünscht.
KR. Das wäre fürwahr der Lohn. Aber aus leeren
Erwartungen heraus
hat Gewinnsucht Männer schon oft vernichtet.

Ein Wächter tritt auf.

WÄ. O Herr, ich werde nicht sagen, daß ich, vor Übereile
schwer keuchend, gelaufen komme, etwa leicht den Fuß
hebend.
Denn viele Haltestationen meiner Sorgen machte ich,
mich an verschiedenen Stellen zur Rückkehr umdrehend;
vieles nämlich sagte meine Seele mir im Zwiegespräch:
Unglücklicher, was gehst du direkt vor deinen Richter?
Armer, was stoppst du wieder ab? Und wenn dies Kreon
nun erfahren wird

ἄλλου παρ' ἀνδρός; πῶς σὺ δῆτ' οὐκ ἀλγυνῇ; 230
τοιαῦθ' ἑλίσσων ἤνυτον σχολῇ βραδύς,
χοὔτως ὁδὸς βραχεῖα γίγνεται μακρά.
τέλος γε μέντοι δεῦρ' ἐνίκησεν μολεῖν
σοί, κεἰ τὸ μηδὲν ἐξερῶ, φράσω δ' ὅμως·
τῆς ἐλπίδος γὰρ ἔρχομαι δεδραγμένος, 235
τὸ μὴ παθεῖν ἂν ἄλλο πλὴν τὸ μόρσιμον.
ΚΡ. τί δ' ἐστίν, ἀνθ' οὗ τήνδ' ἔχεις ἀθυμίαν;
ΦΥ. φράσαι θέλω σοι πρῶτα τἀμαυτοῦ· τὸ γὰρ
πρᾶγμ' οὔτ' ἔδρασ' οὔτ' εἶδον ὅστις ἦν ὁ δρῶν,
οὐδ' ἂν δικαίως ἐς κακὸν πέσοιμί τι. 240
ΚΡ. εὖ γε στοχάζῃ κἀποφράγνυσαι κύκλῳ
τὸ πρᾶγμα· δηλοῖς δ' ὥς τι σημανῶν νέον.
ΦΥ. τὰ δεινὰ γάρ τοι προστίθησ' ὄκνον πολύν.
ΚΡ. οὔκουν ἐρεῖς ποτ', εἶτ' ἀπαλλαχθεὶς ἄπει;
ΦΥ. καὶ δὴ λέγω σοι. τὸν νεκρόν τις ἀρτίως 245
θάψας βέβηκε κἀπὶ χρωτὶ διψίαν
κόνιν παλύνας κἀφαγιστεύσας ἃ χρή.
ΚΡ. τί φής; τίς ἀνδρῶν ἦν ὁ τολμήσας τάδε;
ΦΥ. οὐκ οἶδ'· ἐκεῖ γὰρ οὔτε που γενῇδος ἦν
πλῆγμ', οὐ δικέλλης ἐκβολή· στύφλος δὲ γῆ 250
καὶ χέρσος, ἀρρὼξ οὐδ' ἐπημαξευμένη
τροχοῖσιν, ἀλλ' ἄσημος οὑργάτης τις ἦν.
ὅπως δ' ὁ πρῶτος ἡμῖν ἡμεροσκόπος
δείκνυσι, πᾶσι θαῦμα δυσχερὲς παρῆν.
ὁ μὲν γὰρ ἠφάνιστο, τυμβήρης μὲν οὔ, 255
λεπτὴ δ', ἄγος φεύγοντος ὥς, ἐπῆν κόνις·
σημεῖα δ' οὔτε θηρὸς οὔτε του κυνῶν

Antigone 25

von einem anderen, wie schadest du dir dann nicht
                                        schmerzhaft?   230
Mit solchen Überlegungen legte ich trödelnd und langsam
                                        den Weg zurück,
und so ward ein kurzer Weg lang.
Schließlich brach es in mir durch, zu dir zu gehen,
und wenn ich das reine Nichts sage, ich muß es dir melden!
An die Hoffnung mich klammernd komme ich,   235
nur zu erleiden, was mein Schicksal ist.
KR. Was ist es, weswegen du eine solche
                                        Niedergeschlagenheit zeigst?
WÄ. Zunächst möchte ich dir meine Situation darlegen, denn
weder vollbrachte ich die Tat, noch sah ich den Täter,
und zu Unrecht würde ich ins Unheil kippen.   240
KR. Gut baust du vor und verwahrst dich von allen Seiten
gegen die Tat. Es ist doch klar, daß du etwas Unerhörtes zur
                                        Sprache bringen willst.
WÄ. Das Fürchterliche, nun ja, schafft viel Zaudern.
KR. Willst du nicht reden, und dann sogleich verschwinden?
WÄ. So will ich es denn sagen. Die Leiche hat gerade
                                        einer   245
bestattet und ist weg, auf den Leib streute er
trockenen Staub und brachte Spenden, wie es sich gehört.
KR. Was sagst du? Wer ist es, der solches riskiert hat?
WÄ. Ich weiß es nicht; denn dort gab es keines Spaten
Stich und keinen Aushub einer Hacke; fest war der Boden
und hart, ohne eine Spalte oder Abdrücke   251
von Wagenrädern, der Täter, der doch jemand sein mußte,
                                        für uns ohne Spur.
Als uns aber der erste Tagesposten den Sachverhalt
zeigte, lag für alle ein unbegreifliches Wunder vor.
Denn die Leiche war nicht etwa weggeschafft, nicht
                                        begraben,   255
sondern auf ihr lag dünner Staub wie von einem, der einen
                                        Frevel meiden will.
Spuren, weder von einem Raubtier noch von einem Hund,

ἐλθόντος, οὐ σπάσαντος ἐξεφαίνετο.
λόγοι δ' ἐν ἀλλήλοισιν ἐρρόθουν κακοί,
φύλαξ ἐλέγχων φύλακα, κἂν ἐγίγνετο   260
πληγὴ τελευτῶσ', οὐδ' ὁ κωλύσων παρῆν.
εἷς γάρ τις ἦν ἕκαστος οὑξειργασμένος,
κοὐδεὶς ἐναργής, ἀλλ' ἔφευγε μὴ εἰδέναι.
ἦμεν δ' ἕτοιμοι καὶ μύδρους αἴρειν χεροῖν
καὶ πῦρ διέρπειν καὶ θεοὺς ὁρκωμοτεῖν,   265
τὸ μήτε δρᾶσαι μήτε τῳ ξυνειδέναι
τὸ πρᾶγμα βουλεύσαντι μηδ' εἰργασμένῳ.
τέλος δ', ὅτ' οὐδὲν ἦν ἐρευνῶσιν πλέον,
λέγει τις εἷς, ὃ πάντας ἐς πέδον κάρα
νεῦσαι φόβῳ προύτρεψεν· οὐ γὰρ εἴχομεν   270
οὔτ' ἀντιφωνεῖν οὔθ' ὅπως δρῶντες καλῶς
πράξαιμεν. ἦν δ' ὁ μῦθος, ὡς ἀνοιστέον
σοὶ τοὔργον εἴη τοῦτο κοὐχὶ κρυπτέον.
καὶ ταῦτ' ἐνίκα, κἀμὲ τὸν δυσδαίμονα
πάλος καθαιρεῖ τοῦτο τἀγαθὸν λαβεῖν.   275
πάρειμι δ' ἄκων οὐχ ἑκοῦσιν, οἶδ' ὅτι·
στέργει γὰρ οὐδεὶς ἄγγελον κακῶν ἐπῶν.
ΧΟ. ἄναξ, ἐμοί τοι, μή τι καὶ θεήλατον
τοὔργον τόδ', ἡ ξύννοια βουλεύει πάλαι.
ΚΡ. παῦσαι, πρὶν ὀργῆς καί με μεστῶσαι λέγων, 280
μὴ 'φευρεθῇς ἄνους τε καὶ γέρων ἅμα.
λέγεις γὰρ οὐκ ἀνεκτά, δαίμονας λέγων
πρόνοιαν ἴσχειν τοῦδε τοῦ νεκροῦ πέρι.
πότερον ὑπερτιμῶντες ὡς εὐεργέτην

der gekommen und an ihr gezerrt hätte, waren zu entdecken.
Da brach ein wüster Wortwechsel los,
Wachmann beschuldigte Wachmann, und es hätte 260
letztlich eine Schlägerei gegeben, und keiner wäre
        dagewesen, sie zu verhindern.
Denn jeder reihum mußte der Täter sein,
und keiner war als solcher erkennbar, jeder stritt ab, davon
        zu wissen.
Wir waren bereit, glühendes Metall mit Händen aufzuheben
und durch Feuer zu laufen und bei den Göttern jeden Eid zu
        schwören, 265
daß wir es weder getan hätten noch Mitwisser wären mit
        dem,
der die Tat plante und auch ausführte.
Schließlich, als sich bei unseren Untersuchungen nichts
        mehr ergab,
da spricht einer aus, was uns die Köpfe hängen
ließ aus Furcht; denn wir konnten nicht 270
widersprechen, noch wußten wir, mit welchen Maßnahmen
        wir
davonkämen. Es war die Rede davon, daß dir zu eröffnen
sei diese Tat und nicht geheimzuhalten.
Und dies ging durch, und mich Pechvogel
trifft das Los, dies schöne Glück zu haben. 275
Da bin ich, wider Willen vor Widerstrebenden, ich weiß
        wohl,
keiner liebt den Boten schlechter Worte.
CH. Herr, ob diese Tat nicht doch von den Göttern
        verhängt ist,
dieser Gedanke drängt sich mir schon lange auf.
KR. Hör auf, bevor du mich mit Zorn erfüllst durch dein
        Gerede, 280
daß es nicht heißt: ein Tor und alt zugleich!
Unerträgliches redest du, wenn du von den Göttern sagst,
sie sorgten sich um diesen Toten.
Verherrlichten sie ihn als Wohltäter

ἔκρυπτον αὐτόν, ὅστις ἀμφικίονας 285
ναοὺς πυρώσων ἦλθε κἀναθήματα
καὶ γῆν ἐκείνων καὶ νόμους διασκεδῶν;
ἦ τοὺς κακοὺς τιμῶντας εἰσορᾷς θεούς;
οὐκ ἔστιν. ἀλλὰ ταῦτα καὶ πάλαι πόλεως
ἄνδρες μόλις φέροντες ἐρρόθουν ἐμοί, 290
κρυφῇ κάρα σείοντες, οὐδ' ὑπὸ ζυγῷ
λόφον δικαίως εἶχον, ὡς στέργειν ἐμέ.
ἐκ τῶνδε τούτους ἐξεπίσταμαι καλῶς
παρηγμένους μισθοῖσιν εἰργάσθαι τάδε.
οὐδὲν γὰρ ἀνθρώποισιν οἷον ἄργυρος 295
κακὸν νόμισμ' ἔβλαστε. τοῦτο καὶ πόλεις
πορθεῖ, τόδ' ἄνδρας ἐξανίστησιν δόμων·
τόδ' ἐκδιδάσκει καὶ παραλλάσσει φρένας
χρηστὰς πρὸς αἰσχρὰ πράγμαθ' ἵστασθαι βροτῶν·
πανουργίας δ' ἔδειξεν ἀνθρώποις ἔχειν 300
καὶ παντὸς ἔργου δυσσέβειαν εἰδέναι.
ὅσοι δὲ μισθαρνοῦντες ἤνυσαν τάδε,
χρόνῳ ποτ' ἐξέπραξαν ὡς δοῦναι δίκην.
ἀλλ' εἴπερ ἴσχει Ζεὺς ἔτ' ἐξ ἐμοῦ σέβας,
– εὖ τοῦτ' ἐπίστασ', ὅρκιος δέ σοι λέγω – 305
εἰ μὴ τὸν αὐτόχειρα τοῦδε τοῦ τάφου
εὑρόντες ἐκφανεῖτ' ἐς ὀφθαλμοὺς ἐμούς,
οὐχ ὑμὶν Ἅιδης μοῦνος ἀρκέσει, πρὶν ἂν
ζῶντες κρεμαστοὶ τήνδε δηλώσηθ' ὕβριν,
ἵν' εἰδότες τὸ κέρδος ἔνθεν οἰστέον 310
τὸ λοιπὸν ἁρπάζητε καὶ μάθηθ', ὅτι
οὐκ ἐξ ἅπαντος δεῖ τὸ κερδαίνειν φιλεῖν.
ἐκ τῶν γὰρ αἰσχρῶν λημμάτων τοὺς πλείονας
ἀτωμένους ἴδοις ἂν ἢ σεσωσμένους.

und bestatteten ihn, der kam, die säulenreichen 285
Tempel zu verbrennen und die Weihgeschenke,
ihr Land und ihre Gesetze aufzulösen?
Oder siehst du die Götter Frevler ehren?
Nein! Doch in dieser Art murren schon lange Männer der Stadt
gegen mich in Unzufriedenheit, 290
insgeheim schütteln sie den Kopf und wollen unterm Joch
den Nacken nicht in der rechten Weise halten, wie es mir gebührt.
Von solchen weiß ich ganz genau, daß sie
verführt um Lohn die Tat begangen haben.
Kein ärgerer Brauch als die Liebe zum Geld 295
erwuchs den Menschen. Dieses zerstört auch Städte,
dieses treibt Männer von Haus und Hof,
es schult und ändert brauchbare Gesinnung,
sich schändlichem Tun hinzugeben, überall wo Menschen sind.
Es zeigt den Menschen den Weg zum Verbrechen, 300
um sich auf jedes gottlose Werk zu verstehen.
Doch die für Geld gedungen dies vollbrachten,
taten es letztlich nur, um gerechter Strafe zugeführt zu werden.
Aber wenn Zeus von meiner Seite noch die gebührende Verehrung erfahren soll,
dann wisse dies wohl, mit meinem Eid steh ich dafür: 305
Wenn ihr nicht den Missetäter an diesem Grab
findet und vor meine Augen bringt,
so ist für euch nicht der Hades allein genug:
lebend hängt ihr, bis ihr diesen Übermut bekennt,
damit ihr es wißt und Gewinn rafft 310
in Zukunft, von wo er wirklich zu holen ist, und erfahrt, daß
nicht von allem das Habenwollen zu begehren ist.
Denn von schändlichem Vorteil her sieht man die meisten Menschen
geschädigt denn in Sicherheit.

ΦΥ. εἰπεῖν τι δώσεις ἢ στραφεὶς οὕτως ἴω; 315
ΚΡ. οὐκ οἶσθα καὶ νῦν ὡς ἀνιαρῶς λέγεις;
ΦΥ. ἐν τοῖσιν ὠσὶν ἢ 'πὶ τῇ ψυχῇ δάκνει;
ΚΡ. τί δαὶ ῥυθμίζεις τὴν ἐμὴν λύπην ὅπου;
ΦΥ. ὁ δρῶν σ' ἀνιᾷ τὰς φρένας, τὰ δ' ὦτ' ἐγώ.
ΚΡ. οἴμ' ὡς λάλημα δῆλον ἐκπεφυκὸς εἶ. 320
ΦΥ. οὔκουν τό γ' ἔργον τοῦτο ποιήσας ποτέ.
ΚΡ. καὶ ταῦτ' ἐπ' ἀργύρῳ γε τὴν ψυχὴν προδούς.
ΦΥ. φεῦ·
ἦ δεινόν, ᾧ δοκῇ γε, καὶ ψευδῆ δοκεῖν.
ΚΡ. κόμψευέ νυν τὴν δόξαν· εἰ δὲ ταῦτα μὴ
φανεῖτέ μοι τοὺς δρῶντας, ἐξερεῖθ', ὅτι 325
τὰ δειλὰ κέρδη πημονὰς ἐργάζεται.
ΦΥ. ἀλλ' εὑρεθείη μὲν μάλιστ'· ἐὰν δέ τοι
ληφθῇ τε καὶ μή, τοῦτο γὰρ τύχη κρινεῖ,
οὐκ ἔσθ' ὅπως ὄψει σὺ δεῦρ' ἐλθόντα με·
καὶ νῦν γὰρ ἐκτὸς ἐλπίδος γνώμης τ' ἐμῆς 330
σωθεὶς ὀφείλω τοῖς θεοῖς πολλὴν χάριν.

ΣΤΑΣΙΜΟΝ α'

ΧΟΡΟΣ.

Στροφὴ α'

Πολλὰ τὰ δεινά, κοὐδὲν ἀνθρώπου δεινότερον πέλει·
τοῦτο καὶ πολιοῦ πέραν

Antigone 31

WÄ. Gestattest du mir, etwas zu sagen, oder soll ich mich
                              umdrehen und so gehen?   315
KR. Merkst du nicht, wie lästig du nun daherredest?
WÄ. Beißt es in deinen Ohren oder in der Seele?
KR. Was bemissest du meinen Unmut danach, wo er sitzt?
WÄ. Der Täter kränkt dein Herz, die Ohren ich.
KR. Als welch ein Schwätzer du dich nun entpuppst!   320
WÄ. Aber niemals als Täter dieser Tat!
KR. So doch als Verräter deiner Seele für Geld!
WÄ. Ach! Wirklich schlimm ist es, daß, wer beschließt,
                              auch Falsches schließt.
KR. Witzele nur mit deiner Meinung; wenn ihr mir nicht die
Täter vorführt, dann werdet ihr mir noch sagen müssen,
                              daß   325
feiger Gewinn viele Leiden schafft.
WÄ. Hoffentlich wird er bald gefunden; ob er
gefunden wird oder nicht, das wird nämlich das Glück
                              entscheiden,
und bestimmt wirst du mich nicht nochmals herkommen
                              sehen.
Und nun entgegen meiner Hoffnung und meiner
                              Vorstellung   330
schulde ich – gerettet – den Göttern großen Dank.

ERSTES STANDLIED

CHOR.

Strophe 1

Vielgestaltig ist das Ungeheure, und nichts ist ungeheurer
als der Mensch;
dieses Wesen geht auch über das graue

πόντου χειμερίῳ νότῳ 335
χωρεῖ, περιβρυχίοισιν
περῶν ὑπ' οἴδμασιν,
θεῶν τε τὰν ὑπερτάταν, Γᾶν,
ἄφθιτον ἀκαμάταν ἀποτρύεται
ἰλλομένων ἀρότρων ἔτος εἰς ἔτος, 340
ἱππείῳ γένει πολεύων.

'Αντιστροφὴ α'

Κουφονόων τε φῦλον ὀρ-
νίθων ἀμφιβαλὼν ἄγει
καὶ θηρῶν ἀγρίων ἔθνη
πόντου τ' εἰναλίαν φύσιν 345
σπείραισι δικτυοκλώστοις
περιφραδὴς ἀνήρ·
κρατεῖ δὲ μηχαναῖς ἀγραύλου
θηρὸς ὀρεσσιβάτα, λασιαύχενά θ'
ἵππον ὀχίζεται ἀμφίλοφον ζυγὸν 350
οὔρειόν τ' ἀδμῆτα ταῦρον.

Στροφὴ β'

Καὶ φθέγμα καὶ ἀνεμόεν
φρόνημα καὶ ἀστυνόμους
ὀργὰς ἐδιδάξατο καὶ δυσαύλων 355
πάγων ὑπαίθρια καὶ
δύσομβρα φεύγειν βέλη,
παντοπόρος·
ἄπορος ἐπ' οὐδὲν ἔρχεται
τὸ μέλλον· Ἅιδα μόνον 360
φεῦξιν οὐκ ἐπάξεται·
νόσων δ' ἀμηχάνων φυγὰς
ξυμπέφρασται.

Antigone

Meer im winterlichen Südwind, 335
unter rings aufbrüllendem
Wogenschwall kommt es hindurch,
der Götter höchste dann, die Erde,
unzerstörbare, unermüdliche erschöpft es sich
bei kreisenden Pflügen Jahr für Jahr, 340
mit dem Rossegeschlecht sie umwühlend.

Gegenstrophe 1

Den Stamm munterer Vö-
gel umgarnt er und fängt sie
und wilder Tiere Völker
wie des Meeres Salzbrut 345
in Fallen, aus Netz gesponnen,
der allzu kluge Mensch.
Er zähmt aber mit Listen das frei schweifende
Tier in den Bergen, das mähnige
Pferd zügelt er mit Nacken umgebendem Joch 350
und den unbezwingbaren Bergstier.

Strophe 2

Sprache und windschnelles
Denken und staatenlenkenden
Trieb lehrte er sich und Geschosse unwirtlichen 355
Reifes, unter freiem Himmel und
in bösem Regen zu fliehen,
überall durchkommend.
Verlegen geht er an nichts
Künftiges; vor Hades allein 360
wird er sich kein Entrinnen schaffen,
schwer heilbare Krankheiten
hat er im Griff.

Ἀντιστροφὴ β'

Σοφόν τι τὸ μηχανόεν
τέχνας ὑπὲρ ἐλπίδ' ἔχων
τοτὲ μὲν κακόν, ἄλλοτ' ἐπ' ἐσθλὸν ἕρπει·
νόμους περαίνων χθονὸς
θεῶν τ' ἔνορκον δίκαν
ὑψίπολις·
ἄπολις ὅτῳ τὸ μὴ καλὸν
ξύνεστι τόλμας χάριν.
μήτ' ἐμοὶ παρέστιος
γένοιτο μήτ' ἴσον φρονῶν,
ὃς τάδ' ἔρδοι.

Ἐς δαιμόνιον τέρας ἀμφινοῶ
τόδε· πῶς εἰδὼς ἀντιλογήσω
τήνδ' οὐκ εἶναι παῖδ' Ἀντιγόνην;
ὦ δύστηνος
καὶ δυστήνου πατρὸς Οἰδιπόδα,
τί ποτ'; οὐ δή που σέ γ' ἀπιστοῦσαν
τοῖς βασιλείοισιν ἄγουσι νόμοις
καὶ ἐν ἀφροσύνῃ καθελόντες;

ΕΠΕΙΣΟΔΙΟΝ β'

ΦΥ. Ἥδ' ἔστ' ἐκείνη τοὖργον ἡ 'ξειργασμένη·
τήνδ' εἵλομεν θάπτουσαν. ἀλλὰ ποῦ Κρέων;
ΧΟ. ὅδ' ἐκ δόμων ἄψορρος εἰς δέον περᾷ.
ΚΡ. τί δ' ἔστι; ποίᾳ ξύμμετρος προὔβην τύχῃ;

Gegenstrophe 2

Als klug anwendbar besitzt er die Kunst
der Erfindung über alles Erwarten, und 365
er schreitet bald zum Schlechten, bald zum Guten.
Die Gesetze des Landes bringt er zur Geltung und
der Götter eidlich verpflichtet Recht,
in der Stadt hoch oben;
von der Stadt ausgeschlossen, wer sich dem Unrecht 370
ergibt des Wagemuts wegen.
Weder sei mir Gast am Herde
noch gleichen Sinnes,
wer solches tut. 375

Gegenüber solch gottgewirkter Erscheinung kenne ich mich
nicht mehr aus; wie soll ich, wo ich es weiß, widersprechen,
dieses Mädchen sei nicht Antigone?
Unglückselige
und Tochter des unglückseligen Vaters Ödipus, 380
was gibt es? Haben sie doch nicht dich, ungehorsam
dem königlichen Gebot,
bei sinnlosem Tun ergriffen und bringen dich daher?

ZWEITER AUFTRITT

Der Wächter mit Antigone.

WÄ. Sie ist es, sie, die diese Tat getan! 384
Wir faßten sie, als sie Grabdienst tat. Aber wo ist Kreon?
CH. Da kommt er aus dem Haus, zurück zur rechten Zeit!
KR. Was ist los? Zu welchem Anlaß erschien ich wie
                                      gerufen?

ΦΥ. ἄναξ, βροτοῖσιν οὐδέν ἐστ' ἀπώμοτον.
ψεύδει γὰρ ἡ 'πίνοια τὴν γνώμην· ἐπεὶ
σχολῇ ποθ' ἥξειν δεῦρ' ἂν ἐξηύχουν ἐγὼ
ταῖς σαῖς ἀπειλαῖς, αἷς ἐχειμάσθην τότε,
– ἀλλ' ἡ γὰρ ἐκτὸς καὶ παρ' ἐλπίδας χαρὰ
ἔοικεν ἄλλῃ μῆκος οὐδὲν ἡδονῇ –
ἥκω, δι' ὅρκων καίπερ ὢν ἀπώμοτος,
κόρην ἄγων τήνδ', ἣ καθευρέθη τάφον
κοσμοῦσα. κλῆρος ἐνθάδ' οὐκ ἐπάλλετο,
ἀλλ' ἔστ' ἐμὸν θοὔρμαιον, οὐκ ἄλλου, τόδε.
καὶ νῦν, ἄναξ, τήνδ' αὐτός, ὡς θέλεις, λαβὼν
καὶ κρῖνε κἀξέλεγχ'· ἐγὼ δ' ἐλεύθερος
δίκαιός εἰμι τῶνδ' ἀπηλλάχθαι κακῶν.
ΚΡ. ἄγεις δὲ τήνδε τῷ τρόπῳ πόθεν λαβών;
ΦΥ. αὕτη τὸν ἄνδρ' ἔθαπτε· πάντ' ἐπίστασαι.
ΚΡ. ἦ καὶ ξυνίης καὶ λέγεις ὀρθῶς ἃ φῄς;
ΦΥ. ταύτην γ' ἰδὼν θάπτουσαν ὃν σὺ τὸν νεκρὸν
ἀπεῖπας. ἆρ' ἔνδηλα καὶ σαφῆ λέγω;
ΚΡ. καὶ πῶς ὁρᾶται κἀπίληπτος ᾑρέθη;
ΦΥ. τοιοῦτον ἦν τὸ πρᾶγμ'. ὅπως γὰρ ἥκομεν,
πρὸς σοῦ τὰ δείν' ἐκεῖν' ἐπηπειλημένοι,
πᾶσαν κόνιν σήραντες, ἣ κατεῖχε τὸν
νέκυν, μυδῶν τε σῶμα γυμνώσαντες εὖ,
καθήμεθ' ἄκρων ἐκ πάγων ὑπήνεμοι,
ὀσμὴν ἀπ' αὐτοῦ μὴ βάλῃ πεφευγότες,
ἐγερτὶ κινῶν ἄνδρ' ἀνὴρ ἐπιρρόθοις
κακοῖσιν, εἴ τις τοῦδ' ἀφειδήσοι πόνου.
χρόνον τάδ' ἦν τοσοῦτον, ἔστ' ἐν αἰθέρι
μέσῳ κατέστη λαμπρὸς ἡλίου κύκλος

Antigone 37

WÄ. Herr, Sterbliche dürfen nichts verschwören.
Zum Lügner macht die spätere Einsicht den Vorsatz. Denn,
daß ich nicht rasch wieder hierherkommen werde, hätte ich
                              geschworen   390
bei deinen Drohungen, die wie ein Wintersturm auf mich
                              niedergingen damals.
Denn die Freude gegen und über alle Erwartung
gleicht an Größe gar keiner anderen Lust;
ich bin hier, trotz aller Eile, die ich schwor,
und bringe dieses Mädchen, das angetroffen wurde beim
                              Schmücken   395
des Grabes. Da wurde das Los nicht geworfen,
sondern mein Glücksfund ist dies und keines anderen.
Und nun, Herr, nimm sie selbst, und wenn du willst,
überführe und verurteile sie; ich aber, als freier Mann,
bin zu Recht erlöst von diesen Un-Dingen.   400
KR. Du bringst sie, wie und wobei hast du sie ergriffen?
WÄ. Sie war dabei, den Mann zu bestatten, alles weißt du
                              nun.
KR. Und du verstehst auch und meinst es richtig, was du
                              sagst?
WÄ. Ich sah, wie sie den Toten begrub, den zu bestatten
du verboten hast. Sag ich das klar und deutlich?   405
KR. Und wie wurde sie gesehen, überführt und ergriffen?
WÄ. So war die Sache. Als wir nämlich zurückkamen,
von dir in fürchterlicher Weise bedroht,
da wischten wir den ganzen Staub herunter, der
die Leiche bedeckte, den verwesenden Körper machten wir
                              ordentlich frei,   410
und setzten uns auf einen Hügelrand in den Windschutz,
damit uns der Moderduft von ihm nicht treffe;
wach hielt jeder jeden mit lautem
Geschimpfe, falls einer von ihnen seiner Arbeit nicht
                              nachkomme.
Das ging so lange, bis in des Äthers   415
Mitte das Feuerrad der Sonne trat

καὶ καῦμ' ἔθαλπε· καὶ τότ' ἐξαίφνης χθονὸς
τυφὼς ἀείρας σκηπτόν, οὐράνιον ἄχος,
πίμπλησι πεδίον, πᾶσαν αἰκίζων φόβην
ὕλης πεδιάδος, ἐν δ' ἐμεστώθη μέγας 420
αἰθήρ· μύσαντες δ' εἴχομεν θείαν νόσον.
καὶ τοῦδ' ἀπαλλαγέντος ἐν χρόνῳ μακρῷ
ἡ παῖς ὁρᾶται κἀνακωκύει πικρᾶς
ὄρνιθος ὀξὺν φθόγγον, ὡς ὅταν κενῆς
εὐνῆς νεοσσῶν ὀρφανὸν βλέψῃ λέχος· 425
οὕτω δὲ χαὔτη, ψιλὸν ὡς ὁρᾷ νέκυν,
γόοισιν ἐξῴμωξεν, ἐκ δ' ἀρὰς κακὰς
ἠρᾶτο τοῖσι τοὔργον ἐξειργασμένοις.
καὶ χερσὶν εὐθὺς διψίαν φέρει κόνιν,
ἔκ τ' εὐκροτήτου χαλκέας ἄρδην πρόχου 430
χοαῖσι τρισπόνδοισι τὸν νέκυν στέφει.
χἠμεῖς ἰδόντες ἱέμεσθα, σὺν δέ νιν
θηρώμεθ' εὐθὺς οὐδὲν ἐκπεπληγμένην,
καὶ τάς τε πρόσθεν τάς τε νῦν ἠλέγχομεν
πράξεις· ἄπαρνος δ' οὐδενὸς καθίστατο, 435
ἅμ' ἡδέως ἔμοιγε κἀλγεινῶς ἅμα.
τὸ μὲν γὰρ αὐτὸν ἐκ κακῶν πεφευγέναι
ἥδιστον, ἐς κακὸν δὲ τοὺς φίλους ἄγειν
ἀλγεινόν· ἀλλὰ πάντα ταῦθ' ἥσσω λαβεῖν
ἐμοὶ πέφυκε τῆς ἐμῆς σωτηρίας. 440
ΚΡ. σὲ δή, σὲ τὴν νεύουσαν εἰς πέδον κάρα,
φῂς ἢ καταρνεῖ μὴ δεδρακέναι τάδε;
ΑΝ. καὶ φημὶ δρᾶσαι κοὐκ ἀπαρνοῦμαι τὸ μή.
ΚΡ. σὺ μὲν κομίζοις ἂν σεαυτόν, ᾗ θέλεις,
ἔξω βαρείας αἰτίας ἐλεύθερον· 445
ΚΡ. σὺ δ' εἰπέ μοι – μὴ μῆκος, ἀλλὰ συντόμως –
ᾔδησθα κηρυχθέντα μὴ πράσσειν τάδε;

Antigone 39

und große Hitze entwickelte; und da hob plötzlich von der
                                        Erde
ein Wirbelsturm Staub in die Höhe, eine Not des Himmels,
und fegte über die Ebene, brachte das ganze Laub
des Waldtales durcheinander, voll davon war der große 420
Luftraum; wir schlossen die Augen und nahmen die
                                        göttliche Heimsuchung hin.
Und als diese sich nach langer Zeit entfernt hatte,
wird das Mädchen gesehen, und es jammert laut
im schrillen Ton eines Vogels, wie er klagt, wenn er des
                                        leeren
Nestes Unterschlupf sieht, von den Jungen verwaist. 425
So bricht auch diese, als sie den kahlen Leichnam erblickt,
in lautes Wehgeschrei aus, stößt schlimme Verwünschungen
aus gegen die, die diese Tat vollbracht.
Und mit den Händen bringt sie sofort trocknen Staub,
aus einem kunstvoll gearbeiteten Krug   430
besprengt sie von oben mit dreifachem Guß den Toten.
Wir sehen dies, stürzen los, gleich haben wir sie
erjagt; sie war gar nicht erschrocken,
und wir überführten sie der vorigen und dieser
Tat; nichts leugnend zeigte sie sich,   435
zugleich angenehm für mich, zugleich schmerzlich.
Denn selbst einer Not entronnen sein
ist äußerst angenehm, ins Unglück die Freunde führen
aber schmerzlich. Aber all dies ist weniger wichtig zu nehmen
bei meinem Wesen als meine eigene Rettung.   440
KR. Du nun, du, die zu Boden senkst den Kopf:
Gibst du zu oder leugnest du, daß du's getan hast?
AN. Ich bekenne mich zur Tat und streite sie nicht ab.
KR. Du, pack dich fort von hier, wohin du willst,
weg vom lastenden Verdacht, frei!   445
(*Der Wächter geht ab.*)
Du aber sage mir, nicht lang und breit, sondern in aller
                                        Kürze:
Wußtest du, daß verkündet worden war, es nicht zu tun?

Ἀντιγόνη

ΑΝ. ᾔδη· τί δ' οὐκ ἔμελλον; ἐμφανῆ γὰρ ἦν.
ΚΡ. καὶ δῆτ' ἐτόλμας τούσδ' ὑπερβαίνειν νόμους;
ΑΝ. οὐ γάρ τί μοι Ζεὺς ἦν ὁ κηρύξας τάδε, 450
οὐδ' ἡ ξύνοικος τῶν κάτω θεῶν Δίκη
οἳ τούσδ' ἐν ἀνθρώποισιν ὥρισαν νόμους·
οὐδὲ σθένειν τοσοῦτον ᾠόμην τὰ σὰ
κηρύγμαθ', ὥστ' ἄγραπτα κἀσφαλῆ θεῶν
νόμιμα δύνασθαι θνητὸν ὄνθ' ὑπερδραμεῖν. 455
οὐ γάρ τι νῦν γε κἀχθές, ἀλλ' ἀεί ποτε
ζῇ ταῦτα, κοὐδεὶς οἶδεν, ἐξ ὅτου 'φάνη.
τούτων ἐγὼ οὐκ ἔμελλον, ἀνδρὸς οὐδενὸς
φρόνημα δείσασ', ἐν θεοῖσι τὴν δίκην
δώσειν· θανουμένη γὰρ ἐξῄδη, τί δ' οὔ; 460
κεἰ μὴ σὺ προυκήρυξας. εἰ δὲ τοῦ χρόνου
πρόσθεν θανοῦμαι, κέρδος αὔτ' ἐγὼ λέγω.
ὅστις γὰρ ἐν πολλοῖσιν ὡς ἐγὼ κακοῖς
ζῇ, πῶς ὅδ' οὐχὶ κατθανὼν κέρδος φέρει;
οὕτως ἔμοιγε τοῦδε τοῦ μόρου τυχεῖν 465
παρ' οὐδὲν ἄλγος· ἀλλ' ἄν, εἰ τὸν ἐξ ἐμῆς
μητρὸς θανόντ' ἄθαπτον ἠνσχόμην νέκυν,
κείνοις ἂν ἤλγουν· τοῖσδε δ' οὐκ ἀλγύνομαι.
σοὶ δ' εἰ δοκῶ νῦν μῶρα δρῶσα τυγχάνειν,
σχεδόν τι μώρῳ μωρίαν ὀφλισκάνω. 470
ΧΟ. δηλοῖ τὸ γέννημ' ὠμὸν ἐξ ὠμοῦ πατρὸς
τῆς παιδός· εἴκειν δ' οὐκ ἐπίσταται κακοῖς.
ΚΡ. ἀλλ' ἴσθι τοι τὰ σκλήρ' ἄγαν φρονήματα
πίπτειν μάλιστα, καὶ τὸν ἐγκρατέστατον
σίδηρον ὀπτὸν ἐκ πυρὸς περισκελῆ 475

Antigone 41

AN. Ich wußte es, wie sollt' ich nicht, es war doch deutlich
                                           genug.
KR. Und du brachtest es über dich, dieses Gesetz zu
                                           übertreten?
AN. Nicht Zeus hat mir dies verkünden lassen   450
noch die Mitbewohnerin bei den unteren Göttern, Dike,
die beide dieses Gesetz unter den Menschen bestimmt
                                           haben,
und ich glaubte auch nicht, daß so stark seien deine
Erlasse, daß die ungeschriebenen und gültigen
Gesetze der Götter ein Sterblicher übertreten könnte. 455
Denn nun nicht jetzt und gestern, sondern irgendwie immer
lebt das, und keiner weiß, wann es erschien.
Dafür wollte ich nicht, keines Menschen
Gesinnung fürchtend, bei den Göttern Rechenschaft
geben. Des Sterbenmüssens war ich mir bewußt, warum
                                           auch nicht?   460
Auch wenn du es nicht hättest verkünden lassen! Wenn vor
                                           der Zeit
ich sterben werde, nenne ich es nur Gewinn.
Denn wer in vielen Leiden, wie ich,
lebt, wie trüge der im Tode nicht Gewinn davon?
So ist für mich, dieses Schicksal zu erleiden,   465
gar kein Schmerz; aber wenn ich den Sohn meiner
Mutter tot, ohne Grab den Toten ertragen müßte,
darüber würde ich Schmerz empfinden; das da tut mir nicht
                                           weh.
Wenn ich dir nun Törichtes zu tun scheine,
dann werde ich fast der Torheit bezichtigt in den Augen
                                           eines Toren.   470
CH. Es zeigt sich die schroffe Art vom schroffen Vater
an dem Mädchen; nachgeben kann sie nicht im Leiden.
KR. So merke dir, daß allzu spröder Sinn
am ehesten nicht hält, und härtesten
Stahl, wenn im Feuer zu stark erhitzt, so daß er spröde
                                           wird,   475

θραυσθέντα καὶ ῥαγέντα πλεῖστ' ἂν εἰσίδοις·
σμικρῷ χαλινῷ δ' οἶδα τοὺς θυμουμένους
ἵππους καταρτυθέντας· οὐ γὰρ ἐκπέλει
φρονεῖν μέγ', ὅστις δοῦλός ἐστι τῶν πέλας.
αὕτη δ' ὑβρίζειν μὲν τότ' ἐξηπίστατο, 480
νόμους ὑπερβαίνουσα τοὺς προκειμένους·
ὕβρις δ', ἐπεὶ δέδρακεν, ἥδε δευτέρα,
τούτοις ἐπαυχεῖν καὶ δεδρακυῖαν γελᾶν.
ἦ νῦν ἐγὼ μὲν οὐκ ἀνήρ, αὕτη δ' ἀνήρ,
εἰ ταῦτ' ἀνατὶ τῇδε κείσεται κράτη. 485
ἀλλ' εἴτ' ἀδελφῆς εἴθ' ὁμαιμονεστέρα
τοῦ παντὸς ἡμῖν Ζηνὸς ἑρκείου κυρεῖ,
αὐτή τε χἠ ξύναιμος οὐκ ἀλύξετον
μόρου κακίστου· καὶ γὰρ οὖν κείνην ἴσον
ἐπαιτιῶμαι τοῦδε βουλεῦσαι τάφου. 490
καί νιν καλεῖτ'· ἔσω γὰρ εἶδον ἀρτίως
λυσσῶσαν αὐτὴν οὐδ' ἐπήβολον φρενῶν.
φιλεῖ δ' ὁ θυμὸς πρόσθεν ᾑρῆσθαι κλοπεὺς
τῶν μηδὲν ὀρθῶς ἐν σκότῳ τεχνωμένων·
μισῶ γε μέντοι χὤταν ἐν κακοῖσί τις 495
ἁλοὺς ἔπειτα τοῦτο καλλύνειν θέλῃ.
ΑΝ. θέλεις τι μεῖζον ἢ κατακτεῖναί μ' ἑλών;
ΚΡ. ἐγὼ μὲν οὐδέν· τοῦτ' ἔχων ἅπαντ' ἔχω.
ΑΝ. τί δῆτα μέλλεις; ὡς ἐμοὶ τῶν σῶν λόγων
ἀρεστὸν οὐδὲν μηδ' ἀρεσθείη ποτέ· 500
οὕτω δὲ καὶ σοὶ τἄμ' ἀφανδάνοντ' ἔφυ.
καίτοι πόθεν κλέος γ' ἂν εὐκλεέστερον
κατέσχον ἢ τὸν αὐτάδελφον ἐν τάφῳ
τιθεῖσα; τούτοις τοῦτο πᾶσιν ἁνδάνειν
λέγοιτ' ἄν, εἰ μὴ γλῶσσαν ἐγκλῄοι φόβος. 505
ἀλλ' ἡ τυραννὶς πολλά τ' ἄλλ' εὐδαιμονεῖ
κἄξεστιν αὐτῇ δρᾶν λέγειν θ' ἃ βούλεται.

Antigone 43

siehst du am ehesten brechen und bersten.
Mit kurzem Zügel, weiß ich, werden die wilden
Pferde gebändigt; nicht paßt es nämlich,
Hochmut zu zeigen für den, der Sklave seiner Umgebung ist.
Die aber verstand sich genau darauf zu freveln,   480
als sie erlassenes Gesetz übertrat:
Hochmut nach der Tat, zum zweiten dann
sich darüber zu erheben und zu lachen, daß sie es getan.
Und nicht ich wäre der Mann, sondern sie wäre es,
wenn diese Macht ihr ungestraft zuteil würde.   485
Nein, sei sie meiner Schwester Kind oder verwandter
als alle Blutsverwandten mir verwandt,
sie und ihre Schwester, beide werden nicht entgehen
schlimmster Buße, jener nämlich gebe ich die gleiche
Schuld, daß sie die Bestattung beschlossen hat.   490
Holt sie herbei; drinnen nämlich sah ich sie gerade,
verstört und nicht mehr mächtig ihrer Sinne.
Es wird gewöhnlich im voraus schon die Seele als Dieb
                                                  ertappt,
wo man im Dunkeln auf unrechte Gedanken kommt.
(Bewaffnete gehen ins Haus.)
Ich hasse es doch, wenn einer, auch bei Schlimmem   495
ertappt, dann dies zu beschönigen versucht.
AN. Willst du noch mehr als mich töten lassen, nach meiner
                                                  Festnahme?
KR. Ich nichts; wenn ich das habe, habe ich alles.
AN. Was zögerst du lange? Da mir von deinen Worten
gar nichts genügt, soll es auch niemals so weit kommen, 500
so wie auch dir mein ganzes Verhalten mißfällt.
Und woher sollte ich rühmlicheren Ruhm
bekommen, als daß ich den eigenen Bruder ins Grab
lege? Daß diesen allen dies gefällt,
könnte doch behauptet werden, wenn Furcht nicht schlösse
                                                  ihren Mund.   505
Aber die Gewaltherrschaft hat in vielem ihren Segen,
und ihr ist es erlaubt, zu tun und zu sagen, was sie will.

ΚΡ. σὺ τοῦτο μούνη τῶνδε Καδμείων ὁρᾷς.
ΑΝ. ὁρῶσι χοὖτοι, σοὶ δ' ὑπίλλουσιν στόμα.
ΚΡ. σὺ δ' οὐκ ἐπαιδεῖ, τῶνδε χωρὶς εἰ φρονεῖς; 510
ΑΝ. οὐδὲν γὰρ αἰσχρὸν τοὺς ὁμοσπλάγχνους σέβειν.
ΚΡ. οὔκουν ὅμαιμος χὠ καταντίον θανών;
ΑΝ. ὅμαιμος ἐκ μιᾶς τε καὶ ταὐτοῦ πατρός.
ΚΡ. πῶς δῆτ' ἐκείνῳ δυσσεβῆ τιμᾷς χάριν;
ΑΝ. οὐ μαρτυρήσει ταῦθ' ὁ κατθανὼν νέκυς. 515
ΚΡ. εἴ τοί σφε τιμᾷς ἐξ ἴσου τῷ δυσσεβεῖ;
ΑΝ. οὐ γάρ τι δοῦλος, ἀλλ' ἀδελφὸς ὤλετο.
ΚΡ. πορθῶν δὲ τήνδε γῆν· ὁ δ' ἀντιστὰς ὕπερ.
ΑΝ. ὅμως ὅ γ' Ἅιδης τοὺς νόμους ἴσους ποθεῖ.
ΚΡ. ἀλλ' οὐχ ὁ χρηστὸς τῷ κακῷ λαχεῖν ἴσα. 520
ΑΝ. τίς οἶδεν, εἰ κάτωθεν εὐαγῆ τάδε.
ΚΡ. οὔτοι ποθ' οὑχθρός, οὐδ' ὅταν θάνῃ, φίλος.
ΑΝ. οὔτοι συνέχθειν, ἀλλὰ συμφιλεῖν ἔφυν.
ΚΡ. κάτω νυν ἐλθοῦσ', εἰ φιλητέον, φίλει
κείνους· ἐμοῦ δὲ ζῶντος οὐκ ἄρξει γυνή. 525
ΧΟ. καὶ μὴν πρὸ πυλῶν ἥδ' Ἰσμήνη,
φιλάδελφα κάτω δάκρυ' εἰβομένη·
νεφέλη δ' ὀφρύων ὕπερ αἱματόεν
ῥέθος αἰσχύνει,
τέγγουσ' εὐῶπα παρειάν. 530
ΚΡ. σὺ δ', ἣ κατ' οἴκους ὡς ἔχιδν' ὑφειμένη
λήθουσά μ' ἐξέπινες, οὐδ' ἐμάνθανον

KR. Du allein siehst dies so von diesen Nachkommen des
                                                  Kadmos.
AN. Auch diese sehen es, dir nur schmeicheln sie mit ihrem
                                                  Mund.
KR. Du aber schämst dich nicht, wenn du mit deinem
                                      Denken alleine stehst?   510
AN. Es ist keine Schande, die Blutsverwandten fromm zu
                                                  achten.
KR. Starb nun nicht aus deinem Blute auch der andere?
AN. Söhne von einer Mutter und demselben Vater.
KR. Wie zollst du dem einen Respekt, jenem bekundest du
                                                  Feindschaft?
AN. Nicht bezeugt dies der Dahingeschiedene.   515
KR. Wenn du ihn doch gleichermaßen ehrst wie den
                                                  Feind?
AN. Kein Sklave fand den Tod, sondern mein Bruder.
KR. Er wollte diese Stadt zerstören, der andere trat für sie
                                                  ein.
AN. Gleichwohl fordert Hades gleichen Brauch.
KR. Doch kann der Gute nicht Gleiches erlangen wie der
                                                  Schlechte.   520
AN. Wer weiß, ob dort unten dieses heilig ist?
KR. Kein Feind wird jemals, wenn er stirbt, ein Freund.
AN. Nicht um Feind, nein, um Freund zu sein, ward ich
                                                  geboren.
KR. Hinunter geh, wenn du lieben mußt, liebe
dann auch jene; meiner Lebtag wird keine Frau mich
                                                  beherrschen.   525
CH. Da, schau hin, Ismene vor dem Tor,
aus Liebe zur Schwester Tränen vergießend!
Eine Wolke an den Brauen entstellt
das hochrote Gesicht
und benetzt die reizende Wange.   530
KR. Du da, die du in meinem Hause wie eine Natter dich
                                                  anschmiegtest
und mich heimlich aussaugtest! Und ich merkte nicht,

τρέφων δύ' ἄτα κἀπαναστάσεις θρόνων,
φέρ', εἰπὲ δή μοι, καὶ σὺ τοῦδε τοῦ τάφου
φήσεις μετασχεῖν ἢ 'ξομεῖ τὸ μὴ εἰδέναι; 535
ΙΣ. δέδρακα τοὔργον, εἴπερ ἥδ᾽ ὁμορροθῶ
καὶ ξυμμετίσχω καὶ φέρω τῆς αἰτίας.
ΑΝ. ἀλλ' οὐκ ἐάσει τοῦτό γ' ἡ δίκη σ', ἐπεί
οὔτ' ἠθέλησας οὔτ' ἐγώ 'κοινωσάμην.
ΙΣ. ἀλλ' ἐν κακοῖς τοῖς σοῖσιν οὐκ αἰσχύνομαι 540
ξύμπλουν ἐμαυτὴν τοῦ πάθους ποιουμένη.
ΑΝ. ὧν τοὔργον, Ἅιδης χοἰ κάτω ξυνίστορες·
λόγοις δ' ἐγὼ φιλοῦσαν οὐ στέργω φίλην.
ΙΣ. μήτοι, κασιγνήτη, μ' ἀτιμάσῃς τὸ μὴ οὐ
θανεῖν τε σὺν σοὶ τὸν θανόντα θ' ἁγνίσαι. 545
ΑΝ. μή μοι θάνῃς σὺ κοινὰ μηδ', ἃ μὴ 'θιγες,
ποιοῦ σεαυτῆς· ἀρκέσω θνῄσκουσ᾽ ἐγώ.
ΙΣ. καὶ τίς βίος μοι σοῦ λελειμμένῃ φίλος;
ΑΝ. Κρέοντ' ἐρώτα· τοῦδε γὰρ σὺ κηδεμών.
ΙΣ. τί ταῦτ' ἀνιᾷς μ', οὐδὲν ὠφελουμένη; 550
ΑΝ. ἀλγοῦσα μὲν δῆτ', εἰ γέλωτ' ἐν σοὶ γελῶ.
ΙΣ. τί δῆτ' ἂν ἀλλὰ νῦν σ' ἔτ' ὠφελοῖμ' ἐγώ;
ΑΝ. σῶσον σεαυτήν· οὐ φθονῶ σ' ὑπεκφυγεῖν.
ΙΣ. οἴμοι τάλαινα, κἀμπλάκω τοῦ σοῦ μόρου;
ΑΝ. σὺ μὲν γὰρ εἵλου ζῆν, ἐγὼ δὲ κατθανεῖν. 555
ΙΣ. ἀλλ' οὐκ ἐπ' ἀρρήτοις γε τοῖς ἐμοῖς λόγοις.
ΑΝ. καλῶς σὺ μὲν τοῖς, τοῖς δ' ἐγὼ 'δόκουν φρονεῖν.
ΙΣ. καὶ μὴν ἴση νῷν ἐστιν ἡ 'ξαμαρτία.
ΑΝ. θάρσει· σὺ μὲν ζῇς, ἡ δ' ἐμὴ ψυχὴ πάλαι
τέθνηκεν, ὥστε τοῖς θανοῦσιν ὠφελεῖν. 560

daß ich zweifaches Unheil aufzog und Umsturz für den
                                                    Thron,
los, sage mir doch: an dieser Bestattung hast auch du
– gibst du zu – dein Teil, oder schwörst du, nichts davon zu
                                                    wissen?   535
IS. Ich habe es getan, wenn diese es war; ich stimme ihr bei,
habe Anteil an der Schuld und trage sie.
AN. Nicht zulassen wird dir dies die Gerechtigkeit, da
du weder entschlossen warst noch ich mich mit dir verband.
IS. Aber in deiner Not schäme ich mich nicht,   540
zur Gefährtin deines Leids mich zu machen.
AN. Wessen Werk das ist, da sind Hades und die Toten
                                                    Mitwisser.
Wer mit Worten liebt, den kann ich nicht liebhaben.
IS. Halte mich, Schwester, nicht für unwert,
mit dir zu sterben und den Toten zu entsühnen.   545
AN. Du sollst nicht gemeinsam mit mir sterben, und, was du
                                                    nicht angefaßt hast,
mache nicht zu deiner Sache; mein Tod ist genug.
IS. Und wie wäre das Leben mir noch lieb, wenn ich von dir
                                                    verlassen bin?
AN. Frag Kreon; denn um den hast du dich gekümmert.
IS. Was quälst du mich, ohne daß du etwas davon hast? 550
AN. Allerdings möchte mir das Herz brechen, wenn ich
                                                    dich verlache.
IS. Was könnte ich dir wenigstens jetzt noch helfen?
AN. Rette du dich, ich neide dir dein Entrinnen nicht.
IS. O ich Unglückselige, und ich soll dein Geschick nicht
                                                    teilen?
AN. Du hast das Leben gewählt, ich das Sterben.   555
IS. Aber nicht, ohne meine Gründe dargelegt zu haben.
AN. Du schienst bei den einen, ich bei den anderen recht zu
                                                    denken.
IS. Und gleich ist für uns beide der Fehler.
AN. Sei beruhigt, du lebst, meine Seele aber ist längst
tot, so daß sie den Toten dient.   560

ΚΡ. τὼ παῖδε φημὶ τώδε τὴν μὲν ἀρτίως
    ἄνουν πεφάνθαι, τὴν δ', ἀφ' οὗ τὰ πρῶτ' ἔφυ.
ΙΣ. οὐ γάρ ποτ', ὦναξ, οὐδ' ὃς ἂν βλάστῃ μένει
    νοῦς τοῖς κακῶς πράσσουσιν, ἀλλ' ἐξίσταται.
ΚΡ. σοὶ γοῦν, ὅθ' εἵλου σὺν κακοῖς πράσσειν κακά.   565
ΙΣ. τί γὰρ μόνῃ μοι τῇσδ' ἄτερ βιώσιμον;
ΚΡ. ἀλλ' ἥδε μέντοι – μὴ λέγ' – οὐ γὰρ ἔστ' ἔτι.
ΙΣ. ἀλλὰ κτενεῖς νυμφεῖα τοῦ σαυτοῦ τέκνου;
ΚΡ. ἀρώσιμοι γὰρ χἀτέρων εἰσὶν γύαι.
ΙΣ. οὐχ ὥς γ' ἐκείνῳ τῇδέ τ' ἦν ἡρμοσμένα.   570
ΚΡ. κακὰς ἐγὼ γυναῖκας υἱέσιν στυγῶ.
ΙΣ. ὦ φίλταθ' Αἷμων, ὥς σ' ἀτιμάζει πατήρ.
ΚΡ. ἄγαν γε λυπεῖς καὶ σὺ καὶ τὸ σὸν λέχος.
ΙΣ. ἦ γὰρ στερήσεις τῆσδε τὸν σαυτοῦ γόνον;
ΚΡ. Ἅιδης ὁ παύσων τούσδε τοὺς γάμους ἐμοί.   575
ΙΣ. δεδογμέν', ὡς ἔοικε, τήνδε κατθανεῖν.
ΚΡ. καὶ σοί γε κοινῇ. μὴ τριβὰς ἔτ', ἀλλά νιν
    κομίζετ' εἴσω, δμῶες· ἐκδέτους δὲ χρὴ
    γυναῖκας εἶναι τάσδε μηδ' ἀνειμένας.
    φεύγουσι γάρ τοι χοἰ θρασεῖς, ὅταν πέλας   580
    ἤδη τὸν Ἅιδην εἰσορῶσι τοῦ βίου.

KR. Von beiden Mädchen, sage ich, hat sich die eine eben
in ihrem Unverstand gezeigt, die andere ist schon so seit
                              ihrem ersten Schrei.
IS. Nicht freilich, Herr, bleibt der angeborene
Verstand den Unglücklichen, sondern geht verloren.
KR. Dir schon, da du es vorzogst, mit Schlechten schlecht
                              zu handeln.   565
IS. Was denn bedeutet mir allein ohne sie das Leben noch?
KR. Die brauchst du gar nicht mehr zu nennen, denn sie ist
                              nicht mehr.
IS. Du willst also die Braut des eigenen Kindes töten?
KR. Zu bepflügen sind auch noch die Äcker anderer!
IS. Nicht so, wie es sich bei ihm und ihr gefügt.   570
KR. Böse Frauen für Söhne hasse ich.
IS. Liebster Haimon, wie schmäht dich dein Vater!
KR. Zu sehr kränkst du mich und dein Ehebett.
CH. So wirst du denn den eigenen Sohn von ihr reißen?
KR. Hades ist es, der diese Ehe mir zu Ende bringt.   575
CH. Ist es fest beschlossen – so sieht es aus, daß sie sterben
                              muß?
KR. Sowohl bei dir als auch bei mir. Keinen Verzug mehr,
                              sondern
bringt sie hinein, Knechte. Gefesselt müßten
diese Weiber sein und nicht frei herumlaufen dürfen.
Es flüchten nämlich sogar die Verwegensten, wenn sie
                              nahe   580
schon den Hades sehen und noch leben.

ΣΤΑΣΙΜΟΝ β'

ΧΟΡΟΣ.

Στροφὴ α'

Εὐδαίμονες, οἷσι κακῶν ἄγευστος αἰών.
οἷς γὰρ ἂν σεισθῇ θεόθεν δόμος, ἄτας
οὐδὲν ἐλλείπει γενεᾶς ἐπὶ πλῆθος ἕρπον· 585
ὅμοιον ὥστε ποντίον.
οἶδμα, δυσπνόοις ὅταν
Θρήσσησιν ἔρεβος ὕφαλον ἐπιδράμῃ πνοαῖς,
κυλίνδει βυσσόθεν 590
κελαινὰν θῖνα καὶ
δυσάνεμοι στόνῳ βρέμουσι δ' ἀντιπλῆγες ἀκταί.

Ἀντιστροφὴ α'

Ἀρχαῖα τὰ Λαβδακιδᾶν οἴκων ὁρῶμαι
πήματ' φθιμένων ἐπὶ πήμασι πίπτοντ', 595
οὐδ' ἀπαλλάσσει γενεὰν γένος, ἀλλ' ἐρείπει
θεῶν τις, οὐδ' ἔχει λύσιν.
νῦν γὰρ ἐσχάτας ὑπὲρ
ῥίζας ἐτέτατο φάος ἐν Οἰδίπου δόμοις· 600
κατ' αὖ νιν φοινία
θεῶν τῶν νερτέρων
ἀμᾷ κοπὶς λόγου τ' ἄνοια καὶ φρενῶν ἐρινύς.

ZWEITES STANDLIED

CHOR.

Strophe 1

Glücklich, dessen Leben keine Leiden kennt.
Denn wem das Haus erschüttert wurde von den Göttern
                                    her, an Unheil
fehlt dem nichts bis zum letzten Gliede des
                                    Geschlechts,   585
ebenso wie des Meeres
Woge, wenn infolge der wirbelnden
Stürme des thrakischen Meeres Dunkelheit aus der Tiefe sich
                                    verbreitet,
vom Grunde emporwälzt   590
schwarzen Sand, und
vom scharfen Winde stöhnend tosen die flutgepeitschten
                                    Küsten.

Gegenstrophe 1

Von alters her sehe ich wie im Hause der Labdakiden,
die ständig dahingerafft werden, Leiden auf Leiden
                                    fallen.   595
Und nicht erlöst ein Geschlecht das andere, sondern es
                                    zermalmt
ein Gott sie, und es kommt nicht davon los.
Jetzt nämlich war über die letzten
Wurzeln Licht gebreitet im Hause des Ödipus,   600
da mäht sie wieder nieder blutig
der unterirdischen Götter
Sichel, des Wortes Torheit und der Sinne Verhängnis.

Στροφὴ β'

Τεάν, Ζεῦ, δύνασιν τίς ἀνδρῶν ὑπερβασία κατάσχοι;
τὰν οὔθ' ὕπνος αἱρεῖ ποθ' ὁ παντ' ἀγρεύων
οὔτ' ἀκάματοι θεῶν
μῆνες, ἀγήρως δὲ χρόνῳ δυνάστας
κατέχεις Ὀλύμπου
μαρμαρόεσσαν αἴγλαν.
τό τ' ἔπειτα καὶ τὸ μέλλον
καὶ τὸ πρὶν ἐπαρκέσει
νόμος ὅδ'· οὐδὲν ἕρπει
θνατῶν βιότῳ πάμπολυ τ' ἐκτὸς ἄτας.

Ἀντιστροφὴ β'

Ἁ γὰρ δὴ πολύπλαγκτος ἐλ-
πὶς πολλοῖς μὲν ὄνασις ἀνδρῶν,
πολλοῖς δ' ἀπάτα κουφονόων ἐρώτων·
εἰδότι δ' οὐδὲν ἕρπει,
πρὶν πυρὶ θερμῷ πόδα τις προσαύσῃ.
σοφίᾳ γὰρ ἔκ του
κλεινὸν ἔπος πέφανται,
τὸ κακὸν δοκεῖν ποτ' ἐσθλὸν
τῷδ' ἔμμεν, ὅτῳ φρένας
θεὸς ἄγει πρὸς ἄταν·
πράσσει δ' ὀλίγιστον χρόνον ἐκτὸς ἄτας.

Ὅδε μὴν Αἵμων, παίδων τῶν σῶν
νέατον γέννημ'· ἆρ' ἀχνύμενος
τάλιδος ἥκει μόρον Ἀντιγόνης,
ἀπάτας λεχέων ὑπεραλγῶν;

Strophe 2

Wie sollte, Zeus, deine Macht der Menschen Übertretung einengen? 605
Sie schwächt weder der Schlaf, der alles einfängt,
noch der Götter unermüdliche
Monde, durch die Zeit nicht alternd
hältst als Herrscher du des Olympos
strahlenden Glanz. 610
Das Heute und das Kommende
und das Vorige beherrscht
dieses Gesetz. Nichts nimmt seinen Weg
für das Leben der Sterblichen weit ohne Unheil.

Gegenstrophe 2

Die vielumhergetriebene Hoff- 615
nung ist vielen Menschen Nutzen,
vielen aber die Betörung leichtfertiger Begierden.
Es merkt seine Selbsttäuschung nicht,
bevor einer im heißen Feuer sich den Fuß verbrannt.
Weise ist von einem 620
ein berühmtes Wort erschienen:
das Schlimme scheine manchmal gut
zu sein, dem die Sinne
ein Gott führt zum Unheil.
Sein Handeln vollzieht sich die geringste Zeit frei von
                                            Unheil. 625

Da sieh, Haimon, deiner Kinder
Letztgeburt; ob er im Schmerz
um des blühenden Mädchens Los kommt, Antigones,
über den Betrug an seiner Ehe rasend? 630

ΕΠΕΙΣΟΔΙΟΝ γ′

ΚΡ. Τάχ' εἰσόμεσθα μάντεων ὑπέρτερον.
ὦ παῖ, τελείαν ψῆφον ἆρα μὴ κλύων
τῆς μελλονύμφου πατρὶ λυσσαίνων πάρει;
ἢ σοὶ μὲν ἡμεῖς πανταχῇ δρῶντες φίλοι;
ΑΙ. πάτερ, σός εἰμι, καὶ σύ μοι γνώμας ἔχων   635
χρηστὰς ἀπορθοῖς, αἷς ἔγωγ' ἐφέψομαι.
ἐμοὶ γὰρ οὐδεὶς ἀξιώσεται γάμος
μείζων φέρεσθαι σοῦ καλῶς ἡγουμένου.
ΚΡ. οὕτω γάρ, ὦ παῖ, χρὴ διὰ στέρνων ἔχειν,
γνώμης πατρῴας πάντ' ὄπισθεν ἑστάναι.   640
τούτου γὰρ οὕνεκ' ἄνδρες εὔχονται γονὰς
κατηκόους φύσαντες ἐν δόμοις ἔχειν,
ὡς καὶ τὸν ἐχθρὸν ἀνταμύνωνται κακοῖς
καὶ τὸν φίλον τιμῶσιν ἐξ ἴσου πατρί.
ὅστις δ' ἀνωφέλητα φιτύει τέκνα,   645
τί τόνδ' ἂν εἴποις ἄλλο πλὴν αὑτῷ πόνους
φῦσαι, πολὺν δὲ τοῖσιν ἐχθροῖσιν γέλων;
μή νύν ποτ', ὦ παῖ, τάσδ' φρένας ὑφ' ἡδονῆς
γυναικὸς οὕνεκ' ἐκβάλῃς, εἰδὼς ὅτι
ψυχρὸν παραγκάλισμα τοῦτο γίγνεται,   650
γυνὴ κακὴ ξύνευνος ἐν δόμοις. τί γὰρ
γένοιτ' ἂν ἕλκος μεῖζον ἢ φίλος κακός;
ἀλλὰ πτύσας ὡσεί τε δυσμενῆ μέθες
τὴν παῖδ' ἐν Ἅιδου τήνδε νυμφεύειν τινί.
ἐπεὶ γὰρ αὐτὴν εἷλον ἐμφανῶς ἐγὼ   655
πόλεως ἀπιστήσασαν ἐκ πάσης μόνην,
ψευδῆ γ' ἐμαυτὸν οὐ καταστήσω πόλει,
ἀλλὰ κτενῶ. πρὸς ταῦτ' ἐφυμνείτω Δία

DRITTER AUFTRITT

KR. Bald wissen wir es besser als die Seher.
Mein Sohn, die endgültige Entscheidung hast du gehört
über deine Braut, kommst du doch nicht etwa im Zorn auf
                                    deinen Vater hierher?
Oder sind wir dir, wie auch immer handelnd, lieb?
HAI. Vater, dein bin ich; und wenn du für mich Gedanken
                                    hast,   635
sittlich gute, lenke sie richtig; ihnen werde ich folgen.
Mir nämlich wird keine Ehe erachtet,
zu größerem Gewinn, als wenn du mich auf rechtem Wege
                                    führst.
KR. So nämlich, mein Sohn, muß es in der Brust sein,
daß der Meinung des Vaters alles hintan steht.   640
Darum ja erflehen Männer im Gebet, folgsame
                                    Nachkommen
zu zeugen und sie im Hause zu haben,
damit sie auch dem Feind vergelten mit Schlimmem
und den Freund ehren ebenso wie der Vater.
Wer aber unnütze Kinder erzeugt,   645
was möchtest du anderes sagen, als daß er sich Mühsal
schuf und viel Gelächter seinen Feinden?
Niemals denn, lieber Sohn, wirf weg Verstand aus Lust
einer Frau wegen, wo du weißt, daß
diese Umarmung frostig ist: 650
ein böses Weib als Bettgenossin im Haus. Was nämlich
könnte ein größeres Geschwür werden als ein schlechter
                                    Freund?
Nein, spei sie aus wie einen Feind und laß
dieses Mädchen im Hades heiraten, wen es will!
Denn da ich sie offenkundig ertappte – mir das –,   655
ungehorsam aus der ganzen Stadt sie allein,
will ich nicht als Lügner vor die Bürger treten,
nein, hinrichten will ich sie. Dazu soll sie Zeus anrufen

ξύναιμον· εἰ γὰρ δὴ τά γ' ἐγγενῆ φύσει
ἄκοσμα θρέψω, κάρτα τοὺς ἔξω γένους. 660
ἐν τοῖς γὰρ οἰκείοισιν ὅστις ἔστ' ἀνὴρ
χρηστός, φανεῖται κἀν πόλει δίκαιος ὤν.
ὅστις δ' ὑπερβὰς ἢ νόμους βιάζεται
ἢ τοὐπιτάσσειν τοῖς κρατύνουσιν νοεῖ,
οὐκ ἔστ' ἐπαίνου τοῦτον ἐξ ἐμοῦ τυχεῖν. 665
ἀλλ' ὃν πόλις στήσειε, τοῦδε χρὴ κλύειν
καὶ σμικρὰ καὶ δίκαια καὶ τἀναντία.
καὶ τοῦτον ἂν τὸν ἄνδρα θαρσοίην ἐγὼ
καλῶς μὲν ἄρχειν, εὖ δ' ἂν ἄρχεσθαι θέλειν,
δορός τ' ἂν ἐν χειμῶνι προστεταγμένον 670
μένειν δίκαιον κἀγαθὸν παραστάτην.
ἀναρχίας δὲ μεῖζον οὐκ ἔστιν κακόν.
αὕτη πόλεις ὄλλυσιν, ἥδ' ἀναστάτους
οἴκους τίθησιν, ἥδε συμμάχου δορὸς
τροπὰς καταρρήγνυσι· τῶν δ' ὀρθουμένων 675
σῴζει τὰ πολλὰ σώμαθ' ἡ πειθαρχία.
οὕτως ἀμυντέ' ἐστὶ τοῖς κοσμουμένοις,
κοὔτοι γυναικὸς οὐδαμῶς ἡσσητέα.
κρεῖσσον γάρ, εἴπερ δεῖ, πρὸς ἀνδρὸς ἐκπεσεῖν,
κοὐκ ἂν γυναικῶν ἥσσονες καλοίμεθ' ἄν. 680
ΧΟ. ἡμῖν μέν, εἰ μὴ τῷ χρόνῳ κεκλέμμεθα,
λέγειν φρονούντως ὧν λέγεις δοκεῖς πέρι.
ΑΙ. πάτερ, θεοὶ φύουσιν ἀνθρώποις φρένας,
πάντων, ὅσ' ἐστί, κτημάτων ὑπέρτατον.
ἐγὼ δ' – ὅπως σὺ μὴ λέγεις ὀρθῶς τάδε, 685
οὔτ' ἂν δυναίμην μήτ' ἐπισταίμην λέγειν·
γένοιτο μεντἂν χἀτέρῳ καλῶς ἔχον.
σοῦ δ' οὖν πέφυκα πάντα προσκοπεῖν, ὅσα

Antigone

den Sippenschützer. Denn wenn ich, was von Natur aus mir
                                                    verbunden,
ohne Ordnung aufwachsen lasse, dann ganz gewiß die
                                außerhalb meines Geschlechts.   660
Denn wer unter den Angehörigen des Hauses ein tüchtiger
Mann ist, der wird auch in der Stadt als gerecht sich zeigen.
Wer aber über Gesetze hinweggeht und ihnen Gewalt antut
oder Vorschriften den Herrschenden zu machen gedenkt,
unmöglich kann der Lob von mir erlangen.   665
Nein, wen immer die Stadt einsetzt, auf den muß man hören
im Kleinen und im Gerechten und im Gegenteil davon.
Und von einem solchen Mann möcht' ich erwarten,
daß er gut herrscht, gut sich lenken lassen will,
und in den Lanzenhagel hingestellt,   670
bleibe ein gerechter und tüchtiger Nebenmann.
Es gibt kein größeres Übel als die Zersetzung.
Diese vernichtet Staaten, sie stürzt Häuser um,
sie läßt des Bundesgenossen Speerkraft
in Flucht ausbrechen; von denen, die aufrecht stehen,   675
bewahrt die meisten nur die Zucht.
So muß man helfen dem Geordneten,
und einem Weibe darf man niemals unterliegen.
Denn besser ist's, wenn es sein muß, vor einem Mann zu
                                                    stürzen,
und wir wollen Weibern nicht unterlegen heißen.   680
CH. Uns zwar, wenn uns das Alter nicht davongelaufen ist,
scheinst du mit deinen Worten eine vernünftige Begründung
                                                zu geben.
HAI. Vater, die Götter geben von Natur den Menschen
                                                    Vernunft,
von allen Besitztümern, die es gibt, das höchste.
Daß du nicht im Rechte seist mit deiner Rede,   685
könnte ich nicht sagen, noch möchte ich es wirklich können.
Freilich dürfte es einem anderen gelingen.
Ich bin nun dazu da, mich in allem um dich zu kümmern,
                                                was

λέγει τις ἢ πράσσει τις ἢ ψέγειν ἔχει.
τὸ γὰρ σὸν ὄμμα δεινὸν ἀνδρὶ δημότῃ 690
λόγοις τοιούτοις, οἷς σὺ μὴ τέρψει κλύων·
ἐμοὶ δ' ἀκούειν ἔσθ' ὑπὸ σκότου τάδε,
τὴν παῖδα ταύτην οἷ' ὀδύρεται πόλις,
πασῶν γυναικῶν ὡς ἀναξιωτάτη
κάκιστ' ἀπ' ἔργων εὐκλεεστάτων φθίνει· 695
ἥτις τὸν αὑτῆς αὐτάδελφον ἐν φοναῖς
πεπτῶτ' ἄθαπτον μήθ' ὑπ' ὠμηστῶν κυνῶν
εἴασ' ὀλέσθαι μήθ' ὑπ' οἰωνῶν τινος·
οὐχ ἥδε χρυσῆς ἀξία τιμῆς λαχεῖν;
τοιάδ' ἐρεμνὴ σῖγ' ἐπέρχεται φάτις. 700
ἐμοὶ δὲ σοῦ πράσσοντος εὐτυχῶς, πάτερ,
οὐκ ἔστιν οὐδὲν κτῆμα τιμιώτερον.
τί γὰρ πατρὸς θάλλοντος εὐκλείας τέκνοις
ἄγαλμα μεῖζον, ἢ τί πρὸς παίδων πατρί;
μή νυν ἓν ἦθος μοῦνον ἐν σαυτῷ φόρει, 705
ὡς φῂς σύ, κοὐδὲν ἄλλο, τοῦτ' ὀρθῶς ἔχειν.
ὅστις γὰρ αὐτὸς ἢ φρονεῖν μόνος δοκεῖ
ἢ γλῶσσαν, ἣν οὐκ ἄλλος, ἢ ψυχὴν ἔχειν,
οὗτοι διαπτυχθέντες ὤφθησαν κενοί.
ἀλλ' ἄνδρα, κεἴ τις ᾖ σοφός, τὸ μανθάνειν 710
πόλλ' αἰσχρὸν οὐδὲν καὶ τὸ μὴ τείνειν ἄγαν.
ὁρᾷς παρὰ ῥείθροισι χειμάρροις ὅσα
δένδρων ὑπείκει, κλῶνας ὡς ἐκσῴζεται,
τὰ δ' ἀντιτείνοντ' αὐτόπρεμν' ἀπόλλυται.
αὔτως δὲ ναὸς ὅστις ἐγκρατὴς πόδα 715
τείνας ὑπείκει μηδέν, ὑπτίοις κάτω
στρέψας τὸ λοιπὸν σέλμασιν ναυτίλλεται.
ἀλλ' εἶκε θυμῷ καὶ μετάστασιν δίδου.
γνώμῃ γὰρ εἴ τις κἀπ' ἐμοῦ νεωτέρου
πρόσεστι, φήμ' ἔγωγε πρεσβεύειν πολὺ 720

Antigone 59

man sagt oder tut oder zu kritisieren hat.
Dein Blick ist erschreckend für den Mann im Volke 690
bei solchen Worten, die du nicht magst, wenn du sie hörst.
Mir aber ist es möglich, im Dunklen zu hören,
wie sehr die Stadt dies Mädchen bedauert,
daß von allen Frauen die unschuldigste 694
schimpflich zugrunde gehen soll für die rühmlichste Tat:
eine, die ihren leibhaftigen Bruder, der durch blutigen Mord
gefallen war, nicht gefräßigen Hunden
noch den Vögeln unbestattet verkommen ließ.
Ist diese nicht wert, goldenen Ruhm zu erlangen?
Solche Worte kommen im dunkeln heimlich an mich
                heran. 700
Für mich aber gibt es keinen wertvolleren Besitz,
Vater, als daß du glücklich bist.
Denn steht der Vater in Ruhm und Ansehen, was haben die
                Kinder
für ein größeres Juwel oder der Vater von den Kindern her?
Nicht eine Sinneshaltung allein trage in dir, 705
daß nach deiner Meinung nur diese richtig sei und keine
                andere.
Denn wer die Vernunft allein nach außen hin pachtet
oder Redegabe, wie kein anderer, oder Seelengröße,
alle die werden bei genauerem Hinsehen als hohl erkannt.
Aber daß ein Mann, selbst wenn er weise ist, vieles
                hinzulernt, 710
ist gar keine Schande und – daß er nichts zu sehr überspannt.
Du siehst am winterlichen Strom, daß die
Bäume, die sich biegen, ihre Zweige bewahren,
was aber sich dagegen stemmt, geht entwurzelt zugrunde.
Ebenso, wer als Schiffslenker das Segeltau 715
anspannt und es nicht mehr lockert, der
kentert und fährt künftig kieloben.
Gib deshalb nach und ändere deine Gesinnung.
Denn wenn eine Meinung auch von mir als dem Jüngeren
am Platze ist, so meine ich, daß sehr zu preisen wäre 720

φῦναι τὸν ἄνδρα πάντ' ἐπιστήμης πλέων·
εἰ δ' οὖν – φιλεῖ γὰρ τοῦτο μὴ ταύτῃ ῥέπειν,
καὶ τῶν λεγόντων εὖ καλὸν τὸ μανθάνειν.
ΧΟ. ἄναξ, σέ τ' εἰκός, εἴ τι καίριον λέγει,
μαθεῖν, σέ τ' αὖ τοῦδ'· εὖ γὰρ εἴρηται διπλῇ. 725
ΚΡ. οἱ τηλικοίδε καὶ διδαξόμεσθα δὴ
φρονεῖν πρὸς ἀνδρὸς τηλικοῦδε τὴν φύσιν;
ΑΙ. μηδὲν τὸ μὴ δίκαιον· εἰ δ' ἐγὼ νέος,
οὐ τὸν χρόνον χρὴ μᾶλλον ἢ τἄργα σκοπεῖν.
ΚΡ. ἔργον γάρ ἐστι τοὺς ἀκοσμοῦντας σέβειν; 730
ΑΙ. οὐδ' ἂν κελεύσαιμ' εὐσεβεῖν εἰς τοὺς κακούς.
ΚΡ. οὐχ ἥδε γὰρ τοιᾷδ' ἐπείληπται νόσῳ;
ΑΙ. οὔ φησι Θήβης τῆσδ' ὁμόπτολις λεώς.
ΚΡ. πόλις γὰρ ἡμῖν ἁμὲ χρὴ τάσσειν, ἐρεῖ;
ΑΙ. ὁρᾷς, τόδ' ὡς εἴρηκας ὡς ἄγαν νέος; 735
ΚΡ. ἄλλῳ γὰρ ἢ 'μοὶ χρή με τῆσδ' ἄρχειν χθονός;
ΑΙ. πόλις γὰρ οὐκ ἔσθ', ἥτις ἀνδρός ἐσθ' ἑνός.
ΚΡ. οὐ τοῦ κρατοῦντος ἡ πόλις νομίζεται;
ΑΙ. καλῶς ἐρήμης γ' ἂν σὺ γῆς ἄρχοις μόνος.
ΚΡ. ὅδ', ὡς ἔοικε, τῇ γυναικὶ συμμαχεῖ. 740
ΑΙ. εἴπερ γυνὴ σύ· σοῦ γὰρ οὖν προκήδομαι.
ΚΡ. ὦ παγκάκιστε, διὰ δίκης ἰὼν πατρί;
ΑΙ. οὐ γὰρ δίκαιά σ' ἐξαμαρτάνονθ' ὁρῶ.
ΚΡ. ἁμαρτάνω γὰρ τὰς ἐμὰς ἀρχὰς σέβων;
ΑΙ. οὐ γὰρ σέβεις, τιμάς γε τὰς θεῶν πατῶν. 745
ΚΡ. ὦ μιαρὸν ἦθος καὶ γυναικὸς ὕστερον.

ein Mann, der allwissend ans Licht der Welt tritt.
Da es sich nun aber so nicht verhält,
ist es richtig, auch von denen zu lernen, die Kluges äußern.
CH. Herr, es ist billig, daß du, wenn sein Wort zutrifft,
lernst, du auch von ihm: geredet ist gut von beiden Seiten.
KR. In meinem Alter soll ich also Vernunft denn   726
lernen von einem, der so jung an Jahren?
HAI. Nichts, das nicht rechtens wäre; wenn ich auch jung bin,
darf man nicht mehr auf das Alter als auf die Sache schauen.
KR. Und Sache bedeutet: die aus der Ordnung treten, zu ehren?   730
HAI. Ich möchte nicht aufrufen, fromm zu sein gegen böse Menschen.
KR. Ist nicht diese denn von einer solchen Krankheit befallen?
HAI. Das bestreitet das gesamte Volk dieser Stadt Theben.
KR. Dann will die Stadt uns sagen, was wir zu befehlen haben?
HAI. Du siehst, daß du wie ein ganz Junger gesprochen hast!   735
KR. Steht es denn einem anderen als mir zu, über dieses Land zu befehlen?
HAI. Stadt macht nicht das aus, was einem einzigen Mann gehört.
KR. Nicht als Eigentum des Herrschers gilt die Stadt?
HAI. Gut könntest du allein eine Wüste regieren.
KR. Der ist, so sieht es aus, mit dem Weib verbündet.   740
HAI. Wenn du ein Weib bist; um dich nämlich sorge ich mich.
KR. Armselige Kreatur, du rechtest mit dem Vater?
HAI. Daß wider das Recht du fehlst, sehe ich.
KR. Ich fehle, wenn ich mein Amt in Würden heilige?
HAI. Du heiligst nicht und trittst der Götter Ehre mit Füßen.   745
KR. Verruchte Gesinnung, eine Stufe tiefer als ein Weib.

ΑΙ. οὔ τἂν ἕλοις ἥσσω γε τῶν αἰσχρῶν ἐμέ.
ΚΡ. ὁ γοῦν λόγος σοι πᾶς ὑπὲρ κείνης ὅδε.
ΑΙ. καὶ σοῦ γε κἀμοῦ καὶ θεῶν τῶν νερτέρων.
ΚΡ. γυναικὸς ὢν δούλευμα μὴ κώτιλλέ με. 756
ΑΙ. βούλει λέγειν τι καὶ λέγων μηδὲν κλύειν. 757
ΚΡ. ταύτην ποτ' οὐκ ἔσθ' ὡς ἔτι ζῶσαν γαμεῖς. 750
ΑΙ. ἥδ' οὖν θανεῖται καὶ θανοῦσ' ὀλεῖ τινα.
ΚΡ. ἦ κἀπαπειλῶν ὧδ' ἐπεξέρχει θρασύς;
ΑΙ. τίς δ' ἔστ' ἀπειλὴ πρὸς κενὰς γνώμας λέγειν;
ΚΡ. κλαίων φρενώσεις, ὢν φρενῶν αὐτὸς κενός.
ΑΙ. εἰ μὴ πατὴρ ἦσθ', εἶπον ἄν σ' οὐκ εὖ φρονεῖν. 755
ΚΡ. ἄληθες; ἀλλ' οὐ τόνδ' Ὄλυμπον, ἴσθ' ὅτι
χαίρων ἐπὶ ψόγοισι δεννάσεις ἐμέ.
ἄγετε τὸ μῖσος, ὡς κατ' ὄμματ' αὐτίκα 760
παρόντι θνήσκῃ πλησία τῷ νυμφίῳ.
ΑΙ. οὐ δῆτ' ἔμοιγε, τοῦτο μὴ δόξῃς ποτέ,
οὔθ' ἥδ' ὀλεῖται πλησία, σύ τ' οὐδαμὰ
τοὐμὸν προσόψει κρᾶτ' ἐν ὀφθαλμοῖς ὁρῶν,
ὡς τοῖς θέλουσι τῶν φίλων μαίνῃ ξυνών. 765
ΧΟ. ἁνήρ, ἄναξ, βέβηκεν ἐξ ὀργῆς ταχύς·
νοῦς δ' ἐστὶ τηλικοῦτος ἀλγήσας βαρύς.
ΚΡ. δράτω, φρονείτω μεῖζον ἢ κατ' ἄνδρ' ἰών·
τὰ δ' οὖν κόρα τάδ' οὐκ ἀπαλλάξει μόρου.
ΧΟ. ἄμφω γὰρ αὐτὼ καὶ κατακτεῖναι νοεῖς; 770
ΚΡ. οὐ τήν γε μὴ θιγοῦσαν· εὖ γὰρ οὖν λέγεις.

HAI. Doch könntest du mich nicht antreffen, dem Schänd-
lichen unterlegen!
KR. Dein ganzes Reden geht dir nur um sie.
HAI. Um dich und mich und die unterirdischen Götter.
KR. Eines Weibes Sklave, beschwatze du mich nicht! 756
HAI. Du willst nur reden und dabei nichts hören. 757
KR. Daß du die im Leben heiratest, ist nicht mehr
möglich. 750
HAI. Sie wird dann sterben und im Sterben einen zweiten
mit sich ziehen.
KR. Trittst du auch noch frech-drohend an mich heran?
HAI. Was ist das für eine Drohung, gegen leere Meinung zu
reden?
KR. In Tränen wirst du mich noch »zu Verstand bringen«,
obwohl du selbst hohl bist.
HAI. Wärst du nicht mein Vater, würde ich sagen, du bist
verrückt. 755
KR. Wirklich? Aber nicht beim Olymp, wisse wohl,
wirst du in Freude zu deinem Spott mich verhöhnen.
Bringt diesen Gegenstand des Hasses, daß vor seinen Augen
sofort, 760
vor ihm, sie sterbe, nahe dem Verlobten.
HAI. Mir nahe wird sie nicht, dies bilde dir nicht ein,
sterben, und du wirst niemals
mich mit deinen Augen wiedersehen;
mit denen, die es wollen von den Freunden, tobe dich
zusammen aus. 765
CH. Der Mann, Herr, ging rasch in seinem Zorne.
Ein so jugendlicher Geist ist in seinem Schmerz zu allem
fähig.
KR. Er soll es tun und gehen, über Menschenmaß
hinausdenken!
Die beiden Mädchen wird es nicht von ihrem Los befreien.
CH. Sie beide gar zu töten gedenkst du? 770
KR. Nicht die, die keinen Finger dazu gerührt; da hast du
denn recht.

ΧΟ. μόρῳ δὲ ποίῳ καί σφε βουλεύει κτανεῖν;
ΚΡ. ἄγων, ἔρημος ἔνθ' ἂν ᾖ βροτῶν στίβος,
κρύψω πετρώδει ζῶσαν ἐν κατώρυχι,
φορβῆς τοσοῦτον ὡς ἄγος μόνον προθείς, 775
ὅπως μίασμα πᾶσ' ὑπεκφύγῃ πόλις.
κἀκεῖ τὸν Ἅιδην, ὃν μόνον σέβει θεῶν,
αἰτουμένη που τεύξεται τὸ μὴ θανεῖν,
ἢ γνώσεται γοῦν ἀλλὰ τηνικαῦθ', ὅτι
πόνος περισσός ἐστι τἀν Ἅιδου σέβειν. 780

ΣΤΑΣΙΜΟΝ γ'

ΧΟΡΟΣ.

Στροφή

Ἔρως ἀνίκατε μάχαν,
Ἔρως, ὃς ἐν κτήμασι πί-
πτεις, ὃς ἐν μαλακαῖς παρει-
αῖς νεάνιδος ἐννυχεύεις,
φοιτᾷς δ' ὑπερπόντιος ἔν τ' ἀγρονόμοις αὐλαῖς· 785
καί σ' οὔτ' ἀθανάτων φύξιμος οὐδεὶς
οὔθ' ἁμερίων σέ γ' ἀνθρώπων· ὁ δ' ἔχων
                                   μέμηνεν. 790

Ἀντιστροφή

Σὺ καὶ δικαίων ἀδίκους
φρένας παρασπᾷς ἐπὶ λώ-

CH. Was für einen Tod hast du jener denn zugedacht?
KR. Dahin, wo der Pfad leer von Menschen ist,
werd ich sie bringen und lebend in einem Felsenschacht
                                    einschließen,
so viel Nahrung wie zur Sühne allein dazugeben,   775
damit einer Befleckung die ganze Stadt entgeht.
Dort soll sie zu Hades, den allein von den Göttern sie
                                    verehrt,
beten und erreichen, daß sie nicht sterben muß,
oder sie wird erkennen, dort zuletzt, daß es
überflüssige Mühe ist, Hades anzubeten.   780

DRITTES STANDLIED

CHOR.

Strophe

Eros, unbesiegt im Kampfe,
Eros, der du über deine Beute her-
fällst, der du auf weichen Mädchen-
wangen übernachtest,
du gehst übers Meer und über die Gehöfte auf den
                                    Feldern,   785
weder kann ein Unsterblicher dir entfliehen
noch dir einer von den kurzlebigen Men-
schen; und wer dich hat, der raset.   790

Gegenstrophe

Du verleitest auch den Sinn von Gerechten
zum Unrecht, so daß sie ver-

βα, σὺ καὶ τόδε νεῖκος ἀνδρῶν ξύναιμον ἔχεις ταράξας·
νικᾷ δ' ἐναργὴς βλεφάρων ἵμερος εὐλέκτρου 795
νύμφας, τῶν μεγάλων πάρεδρος ἐν ἀρχαῖς
θεσμῶν· ἄμαχος γὰρ ἐμπαίζει θεὸς Ἀφροδίτα. 800

νῦν δ' ἤδη 'γὼ καὐτὸς θεσμῶν
ἔξω φέρομαι τάδ' ὁρῶν, ἴσχειν δ'
οὐκέτι πηγὰς δύναμαι δακρύων,
τὸν παγκοίταν ὅθ' ὁρῶ θάλαμον
τήνδ' Ἀντιγόνην ἀνύτουσαν. 805

ΕΠΕΙΣΟΔΙΟΝ δ'

ΚΟΜΜΟΣ

Στροφὴ α'

ΑΝ. Ὁρᾶτ' ἔμ', ὦ γᾶς πατρίας πολῖται,
τὰν νεάταν ὁδὸν
στείχουσαν, νέατον δὲ φέγ-
γος λεύσσουσαν ἀελίου,
κοὔποτ' αὖθις· ἀλλά μ' ὁ παγ- 810
κοίτας Ἅιδας ζῶσαν ἄγει
τὰν Ἀχέροντος
ἀκτάν, οὔθ' ὑμεναίων
ἔγκληρον, οὔτ' ἐπὶ νυμφείοις
πώ μέ τις ὕμνος 815
ὕμνησεν, ἀλλ' Ἀχέροντι νυμφεύσω.

derben, du hast auch diesen Streit
blutsverwandter Männer, Verwirrung stiftend,
                                    hervorgerufen.
Es siegt der aus den Augen strahlende Reiz der holden   795
Jungfrau, der erhabenen Satzungen Beisitzerin
im Rat; denn unbezwungen treibt ihr
Spiel die Göttin Aphrodite.

Nun komme sogar ich schon von der Bahn des
                                    Gesetzes   800
ab, wenn ich das da sehe, zurückhalten aber
kann ich nicht mehr den Quell meiner Tränen,
weil ich unsere Antigone zur Kammer, die alle bettet,
dort gehen sehe.   805

VIERTER AUFTRITT

Klagelied

Strophe 1

AN. Seht mich, meines Vaterlandes Bürger,
den letzten Weg
gehen, das letzte Licht der
Sonne sehen
und dann nie wieder. Mich führt nun lebend der all-   810
bettende Hades
zu Acherons
Küste, weder des Brautstandes
teilhaftig, noch empfängt mich zur Hochzeits-
feier ein Lied,   815
sondern ich werde Acheron angetraut.

ΧΟ. οὐκοῦν κλεινὴ καὶ ἔπαινον ἔχουσ'
ἐς τόδ' ἀπέρχει κεῦθος νεκύων,
οὔτε φθινάσιν πληγεῖσα νόσοις
οὔτε ξιφέων ἐπίχειρα λαχοῦσ', 820
ἀλλ' αὐτόνομος ζῶσα μόνη δὴ
θνατῶν Ἅιδαν καταβήσει.

Ἀντιστροφὴ α'

ΑΝ. ἤκουσα δὴ λυγροτάταν ὀλέσθαι
τὰν Φρυγίαν ξέναν
Ταντάλου Σιπύλῳ πρὸς ἄ- 825
κρῳ, τὰν κισσὸς ὡς ἀτενὴς
πετραία βλάστα δάμασεν,
καί νιν ὄμβροι τακομέναν,
ὡς φάτις ἀνδρῶν,
χιών τ' οὐδαμὰ λείπει, 830
τέγγει δ' ὑπ' ὀφρύσι παγκλαύτοις
δειράδας· ᾇ με
δαίμων ὁμοιοτάταν κατευνάζει.
ΧΟ. ἀλλὰ θεός τοι καὶ θεογεννής,
ἡμεῖς δὲ βροτοὶ καὶ θνητογενής. 835
καίτοι φθιμένᾳ μέγα κἀκοῦσαι
τοῖς ἰσοθέοις σύγκληρα λαχεῖν
ζῶσαν καὶ ἔπειτα θανοῦσαν.

Στροφὴ β'

ΑΝ. οἴμοι γελῶμαι· τί με, πρὸς θεῶν πατρῴ- 840
ων, οὐκ οὐλομέναν ὑβρί-
ζεις, ἀλλ' ἐπίφαντον;
ὦ πόλις, ὦ πόλεως
πολυκτήμονες ἄνδρες·

Antigone 69

CH. Aber berühmt und mit viel Lob
gehst du in diese Totengruft,
weder von verderblichen Krankheiten geschlagen
noch mit dem Lohn des Schwertes, 820
sondern dir selbst Gesetz, gehst du als einzige denn
von den Sterblichen zum Hades.

Gegenstrophe 1

AN. Ich habe gehört, daß trauervoll zugrunde ging
die Fremde aus Phrygien,
die Tochter des Tantalos, an Sipylos' 825
Gipfel, die wie zährankend Efeu
Felsenwuchs umwindet;
und Regengüsse verlassen die sich Verzehrende nie,
so das Gerede der Menschen
und ebensowenig der Schnee, 830
sie benetzt aus tränenreichen Wimpern
die Bergrücken. So bettet mich
die Gottheit in derselben Weise.
CH. Aber sie ist Göttin und stammt von Göttern,
wir sind Menschen und stammen von Menschen. 835
Und es ist groß vor aller Welt, wenn auch im Untergang,
dasselbe Los wie Götter gehabt zu haben
im Leben und künftig im Tode.

Strophe 2

AN. Wehe, ich werde verlacht. Was höhnst du mich bei
                              den Göttern 840
des Vaterlandes, die noch nicht umgekommene,
sondern die immer noch im Licht.
O Stadt, oh, der Stadt
begüterte Männer!

ἰὼ Διρκαῖαι κρῆναι Θήβας τ' εὐαρμάτου ἄλσος, ἔμ- 845
πας ξυμμάρτυρας ὕμμ' ἐπικτῶμαι,
οἵα φίλων ἄκλαυτος, οἵοις νόμοις
πρὸς ἔργμα τυμβόχωστον ἔρχομαι τάφου ποταινίου·
ἰὼ δύστανος, 850
οὔτ' ἐν βροτοῖσιν οὔτ' ἐν νεκροῖσι
μέτοικος, οὐ ζῶσιν, οὐ θανοῦσιν.
ΧΟ. προβᾶσ' ἐπ' ἔσχατον θράσους
ὑψηλὸν ἐς Δίκας βάθρον
προσέπεσες, ὦ τέκνον ποδοῖν· 855
πατρῷον δ' ἐκτίνεις τιν' ἆθλον.

Ἀντιστροφὴ β'

ΑΝ. ἔψαυσας ἀλγεινοτάτας ἐμοὶ μερίμ-
νας, πατρὸς τριπόλιστον οἶ-
τον τοῦ τε πρόπαντος
ἁμετέρου πότμου 860
κλεινοῖς Λαβδακίδαισιν.
ἰὼ πατρῷαι λέκτρων ἆται κοι-
    μήματά τ' αὐτογέν-
νητ' ἐμῷ πατρὶ δυσμόρου ματρός, 865
οἵων ἐγώ ποθ' ἁ ταλαίφρων ἔφυν·
πρὸς οὓς ἀραῖος ἄγαμος ἅδ' ἐγὼ μέτοικος ἔρχομαι.
ἰὼ δυσπότμων,
κασίγνητε, γάμων κυρήσας, 870
θανὼν ἔτ' οὖσαν κατήναρές με.
ΧΟ. σέβειν μὲν εὐσέβειά τις,
κράτος δ', ὅτῳ κράτος μέλει,
παραβατὸν οὐδαμᾷ πέλει·
σὲ δ' αὐτόγνωτος ὤλεσ' ὀργά. 875

Io! Dirkes Brunnen und Thebens wagenstolzen Hain,
gleich- 845
wohl zu Zeugen nehme ich euch,
wie von Freunden unbeweint – nach was für Recht! –
zum gewölbten Verlies eines unerhörten Grabes ich gehen
muß.
Io! Ich Arme, 850
weder bei Sterblichen noch bei Toten
geduldet, nicht bei Lebenden, nicht bei Gestorbenen.
CH. Du gingst bis an das Äußerste verwegener Tat und
auf der Ordnungsgöttin hohen Sockel
bist du mit beiden Füßen aufgelaufen, mein Kind; 855
einen vom Vater ererbten Kampf büßest du.

Gegenstrophe 2

AN. Du rührtest an die mir schmerzlichste Sorge, des Vaters mehrfach aufgepflügten Jam-
mer und an unser Geschick, 860
das den berühmten Labdakiden zuteil ward.
Io! Des Vaterbettes Fluch und das selbst er-
zeugte Schla-
fen der unglückseligen Mutter mit meinem Vater, 865
von denen ich Unglückselige einst geboren ward:
Zu diesen komme ich fluchbeladen, ehelos, um mit ihnen
zu wohnen.
Io! Der du unglückselige
Hochzeiten gefunden, Bruder 870
im Sterben hast du mich, die ich noch lebe, getötet.
CH. Die Toten ehren bedeutet frommes Tun,
Staatsgewalt, wem Staatsgewalt auch immer gehört,
darf keinesfalls übertreten werden.
Dich hat dein eigensinniges Aufbegehren zerstört. 875

Ἐπῳδός

ΑΝ. ἄκλαυτος, ἄφιλος, ἀνυμέναιος, ταλαίφρων ἄγομαι
τὰν ἑτοίμαν ὁδόν·
οὐκέτι μοι τόδε λαμπάδος ἱερὸν ὄμμα
θέμις ὁρᾶν ταλαίνᾳ, 880
τὸν δ' ἐμὸν πότμον ἀδάκρυτον οὐδεὶς φίλων στενάζει.

ΚΡ. Ἆρ' ἴστ', ἀοιδὰς καὶ γόους πρὸ τοῦ θανεῖν
ὡς οὐδ' ἂν εἷς παύσαιτ' ἄν, εἰ χρείη λέγειν;
οὐκ ἄξεθ' ὡς τάχιστα; καὶ κατηρεφεῖ 885
τύμβῳ περιπτύξαντες, ὡς εἴρηκ' ἐγώ,
ἄφετε μόνην ἔρημον, εἴτε χρῇ θανεῖν
εἴτ' ἐν τοιαύτῃ ζῶσα τυμβεύειν στέγῃ·
ἡμεῖς γὰρ ἁγνοὶ τοὐπὶ τήνδε τὴν κόρην·
μετοικίας δ' οὖν τῆς ἄνω στερήσεται. 890

ΑΝ. ὦ τύμβος, ὦ νυμφεῖον, ὦ κατασκαφὴς
οἴκησις ἀείφρουρος, οἷ πορεύομαι
πρὸς τοὺς ἐμαυτῆς, ὧν ἀριθμὸν ἐν νεκροῖς
πλεῖστον δέδεκται Φερσέφασσ' ὀλωλότων·
ὧν λοισθία 'γὼ καὶ κάκιστα δὴ μακρῷ 895
κάτειμι, πρίν μοι μοῖραν ἐξήκειν βίου.
ἐλθοῦσα μέντοι κάρτ' ἐν ἐλπίσιν τρέφω
φίλη μὲν ἥξειν πατρί, προσφιλὴς δὲ σοί,
μῆτερ, φίλη δὲ σοί, κασίγνητον κάρα·
ἐπεὶ θανόντας αὐτόχειρ ὑμᾶς ἐγὼ 900
ἔλουσα κἀκόσμησα κἀπιτυμβίους
χοὰς ἔδωκα· νῦν δέ, Πολύνεικες, τὸ σὸν
δέμας περιστέλλουσα τοιάδ' ἄρνυμαι.
καίτοι σ' ἐγὼ 'τίμησα τοῖς φρονοῦσιν εὖ.

Abgesang

AN. Ohne Tränen, ohne Freunde, ohne Hochzeit werde
                                    ich Unglückselige
diesen bereiteten Weg geführt.
Nicht mehr ist mir dieses heilige Auge des Lichtes
erlaubt zu sehen, mir Ärmstem,   880
um mein Schicksal, das unbeweinte, trauert keiner der
                                    Meinigen.

KR. (inzwischen aufgetreten).
Ihr wißt doch, wenn es auf Heulen und Klagen
ankäme, dann hörte keiner damit auf.
Bringt sie weg, sofort! Und in das umwölbte   885
Grab schließt sie ein, wie ich gesagt,
und laßt sie dort ganz allein zurück, wenn sie sterben
oder unter solchem Dach lebend hausen muß.
Wir sind rein, was dieses Mädchen betrifft;
sie wird nur des Mitwohnens hier oben beraubt.   890

AN. O Grab, o Brautgemach, o unterirdische
Behausung, immerwährende, wohin ich gehe
zu den Meinen, von denen unter den Toten
die größte Zahl Persephassa empfangen hat, nachdem diese
                                    umgekommen.
Von ihnen gehe ich als letzte und bei weitem Verruchteste
hinunter, bevor sich das Geschick des Lebens erfüllt.   896
Ich komme jedoch und nähre in mir die Hoffnung:
lieb werde ich dem Vater kommen, dir lieb,
Mutter, lieb auch dir, du brüderliches Haupt.
Denn, als ihr starbt, habe ich euch mit eigenen Händen   900
gewaschen und geschmückt und euerem
Grab Weihgüsse gespendet. Nun, Polyneikes, deinen
Leib habe ich besorgt und hab mir solches eingehandelt.
Und ich habe dir Ehre erwiesen, in den Augen der
                                    Einsichtigen.

οὐ γάρ ποτ' οὔτ' ἄν, εἰ τέκνων μήτηρ ἔφυν, 905
οὔτ' εἰ πόσις μοι κατθανὼν ἐτήκετο,
βίᾳ πολιτῶν τόνδ' ἂν ἠρόμην πόνον.
τίνος νόμου δὴ ταῦτα πρὸς χάριν λέγω;
πόσις μὲν ἄν μοι κατθανόντος ἄλλος ἦν,
καὶ παῖς ἀπ' ἄλλου φωτός, εἰ τοῦδ' ἤμπλακον, 910
μητρὸς δ' ἐν Ἅιδου καὶ πατρὸς κεκευθότοιν
οὐκ ἔστ' ἀδελφὸς ὅστις ἂν βλάστοι ποτέ.
τοιῷδε μέντοι σ' ἐκπροτιμήσασ' ἐγὼ
νόμῳ Κρέοντι ταῦτ' ἔδοξ' ἁμαρτάνειν
καὶ δεινὰ τολμᾶν, ὦ κασίγνητον κάρα. 915
καὶ νῦν ἄγει με διὰ χερῶν οὕτω λαβὼν
ἄλεκτρον, ἀνυμέναιον, οὔτε του γάμου
μέρος λαχοῦσαν οὔτε παιδείου τροφῆς,
ἀλλ' ὧδ' ἔρημος πρὸς φίλων ἡ δύσμορος
ζῶσ' εἰς θανόντων ἔρχομαι κατασκαφάς· 920
ποίαν παρεξελθοῦσα δαιμόνων δίκην;
τί χρή με, τὴν δύστηνον, ἐς θεοὺς ἔτι
βλέπειν; τίν' αὐδᾶν ξυμμάχων; ἐπεί γε δὴ
τὴν δυσσέβειαν εὐσεβοῦσ' ἐκτησάμην.
ἀλλ' εἰ μὲν οὖν τάδ' ἐστὶν ἐν θεοῖς καλά, 925
παθόντες ἂν ξυγγνοῖμεν ἡμαρτηκότες·
εἰ δ' οἵδ' ἁμαρτάνουσι, μὴ πλείω κακὰ
πάθοιεν ἢ καὶ δρῶσιν ἐκδίκως ἐμέ.

ΧΟ. ἔτι τῶν αὐτῶν ἀνέμων αὐταὶ
  ψυχῆς ῥιπαὶ τήνδε γ' ἔχουσιν. 930
ΚΡ. τοιγὰρ τούτων τοῖσιν ἄγουσιν
  κλαύμαθ' ὑπάρξει βραδυτῆτος ὕπερ.
ΑΝ. οἴμοι, θανάτου τοῦτ' ἐγγυτάτω
  τοὔπος ἀφῖκται.
ΚΡ. θαρσεῖν οὐδὲν παραμυθοῦμαι 935
  μὴ οὐ τάδε ταύτῃ κατακυροῦσθαι.

Niemals, wenn ich Mutter von Kindern geworden wäre,
noch wenn ein Gatte mir sterbend dahinschmolz, 906
hätte ich gegen die Bürger diese Mühsal unternommen.
Welchen Gesetzen zuliebe sage ich dies?
Einen anderen Gatten bekäme ich, wenn er sterben,
und ein Kind von einem andern Mann, wenn ich es verlieren
                                            würde. 910
Nachdem aber Mutter und Vater im Hades geborgen sind,
gibt es keinen Bruder, der da nachwachsen könnte.
Nach diesem Naturgesetz habe ich dir Ehre erwiesen
und in Kreons Augen dieses falsch gemacht
und Ungeheueres gewagt, o brüderliches Haupt. 915
Und nun führt er mich dahin, an den Händen greifend,
ohne Brautbett, ohne Hochzeit, die ich weder der Ehe
Teil noch den der Kindererziehung erlange.
Nein, von den Freunden so ganz verlassen gehe ich
                                        Unglücksweib
lebend in der Toten Gruft. 920
Weil ich – welches Recht der Götter – nicht achtete?
Was soll ich Unglückselige zu den Göttern noch aufblicken?
Welchen Beistand benennen? Denn – das ist jetzt klar –
Gottlosigkeit habe ich durch frommes Tun erworben.
Aber wenn dies nun gut heißt bei den Göttern, 925
werden wir durch Leiden die Einsicht gewinnen, daß wir
                                              gefehlt.
Wenn aber die da fehlen, sollen sie nicht mehr Übel
erleiden, als sie mir außer Rechts angetan haben.

CH. Noch hat der gleichen Stürme Wucht
ihre Seele in der Gewalt. 930
KR. Zur Strafe hierfür soll über ihre Führer
Weinen kommen wegen ihrer Langsamkeit.
AN. O weh, wie nahe am Tod
kommt dies Wort.
KR. Man sollte sich keine kühnen Hoffnungen machen, 935
daß dies nicht so geschieht.

ΑΝ. ὦ γῆς Θήβης ἄστυ πατρῷον
καὶ θεοὶ προγενεῖς,
ἄγομαι δὴ κοὐκέτι μέλλω.
λεύσσετε, Θήβης οἱ κοιρανίδαι, 940
τὴν βασιλιδᾶν μούνην λοιπήν,
οἷα πρὸς οἵων ἀνδρῶν πάσχω,
τὴν εὐσεβίαν σεβίσασα.

ΣΤΑΣΙΜΟΝ δ'

ΧΟΡΟΣ.

Στροφὴ α'

Ἔτλα καὶ Δανάας οὐράνιον φῶς
ἀλλάξαι δέμας ἐν χαλκοδέτοις αὐλαῖς· 945
κρυπτομένα δ' ἐν
τυμβήρει θαλάμῳ κατεζεύχθη·
καίτοι καὶ γενεᾷ τίμιος, ὦ παῖ παῖ,
καὶ Ζηνὸς ταμιεύεσκε γονὰς χρυσορύτους. 950
ἀλλ' ἁ μοιριδία τις δύνασις δεινά·
οὔτ' ἄν νιν ὄλβος οὔτ' Ἄρης, οὐ πύργος, οὐχ
ἁλίκτυποι
κελαιναὶ νᾶες ἐκφύγοιεν.

Ἀντιστροφὴ α'

Ζεύχθη δ' ὀξύχολος παῖς ὁ Δρύαντος, 955
Ἠδωνῶν βασιλεύς, κερτομίοις ὀργαῖς
ἐκ Διονύσου
πετρώδει κατάφαρκτος ἐν δεσμῷ.

AN. O thebischen Landes Vaterstadt
und ihr früher geborenen Götter,
abgeführt werd ich nun und darf nicht mehr bleiben.
Schaut, Thebes Führer,
auf die einzige der Königinnen, die noch übrig,
was – von welchen Männern! – ich erleide,
weil ich Heiliges für heilig gehalten.

VIERTES STANDLIED

CHOR.

Strophe 1

Es mußte auch Danaes Leib das himmlische Licht
lassen gegen erzgefügte Behausung;
verborgen in
grabähnlichem Gemach, wurde sie gejocht.
Von ihrer Abkunft her in Ehren, Kind, Kind,
hegte sie den Samen des Zeus, den goldfließenden.
Aber des Schicksals Macht ist ungeheuer;
Ihm dürften weder Wohlstand noch Krieg, nicht Turm,
                              nicht die gischtwerfenden
schwarzen Schiffe entgehen.

Gegenstrophe 1

Ins Joch gebracht wurde der jähzornige Sohn des
                                      Dryas,
der Edonen König wegen seiner eifernden Schmähreden,
von Dionysos
in steinernem Gefängnis eingeschlossen.

Ἀντιγόνη

οὕτω τᾶς μανίας δεινὸν ἀποστάζει
ἀνθηρόν τε μένος. κεῖνος ἐπέγνω μανίαις 960
ψαύων τὸν θεὸν ἐν κερτομίοις γλώσσαις.
παύεσκε μὲν γὰρ ἐνθέους γυναῖκας εὔιόν τε πῦρ,
φιλαύλους τ' ἠρέθιζε Μούσας. 965

Στροφὴ β'

Παρὰ δὲ κυανέων πελαγέων διδύμας ἁλὸς
ἀκταὶ Βοσπόριαι καὶ ὁ Θρηκῶν ⟨ἄξενος⟩
Σαλμυδησσός, ἵν' ἀγχίπτολις Ἄρης 970
  δισσοῖσι Φινεΐδαις
  εἶδεν ἀρατὸν ἕλκος
τυφλωθὲν ἐξ ἀγρίας δάμαρτος
ἀλαὸν ἀλαστόροισιν ὀμμάτων κύκλοις,
ἄτερθ' ἐγχέων ὑφ' αἱματηραῖς 975
χείρεσσι καὶ κερκίδων ἀκμαῖσιν.

Ἀντιστροφὴ β'

Κατὰ δὲ τακόμενοι μέλεοι μελέαν πάθαν
κλαῖον ματρὸς ἔχοντες ἀνύμφευτον γονάν· 980
ἃ δὲ σπέρμα μὲν ἀρχαιογόνων
ἄνασσ' Ἐρεχθεϊδᾶν,
  τηλεπόροις δ' ἐν ἄντροις
τράφη θυέλλαισιν ἐν πατρῴαις
Βορεὰς ἄμιππος ὀρθόποδος ὑπὲρ πάγου 985
θεῶν παῖς· ἀλλὰ κἀπ' ἐκείνᾳ
Μοῖραι μακραίωνες ἔσχον, ὦ παῖ.

Antigone

So schwindet des Wahnes furchtbare
und blühende Stärke; jener erkannte, daß er mit seinem
                                                    Rasen
den Gott angetastet mit lästernder Zunge.
Dämpfen wollte er nämlich die begeisterten Frauen und das
                                                    bakchische Feuer
und hatte die flötenliebenden Musen gereizt.

Strophe 2

Unweit der blauen Meerfelsen zwischen den beiden Meeren
liegt die Küste des Bosporus und das ungastliche thrakische
Salymydessos, wo der benachbarte Ares
sah, wie den beiden Phineussöhnen
geschlagen wurde die verfluchte Wunde
von dem rasenden Weib,
Blindheit verursachend den rachefordernden Kreisen der
                                                    Augen
ohne Speere mit blutgierigen
Händen und den Spitzen der Webschiffchen.

Gegenstrophe 2

Sie schmolzen dahin unglücklich und beweinten
                                            unglückliches Leid
der Mutter, beide von unehelicher Abstammung;
sie aber reichte in ihrer Herkunft an die altentsprungenen
Söhne des Erechtheus,
in weitentlegenen Höhlen
wurde sie ernährt in den Sturmwinden des Vaters,
die Tochter des Boreas, windschnell auf dem Pferd,
                                            steilfüßig am Berg,
das Götterkind. Aber auf sie kamen
die ewiglebenden Moiren zu, o Kind.

ΕΠΕΙΣΟΔΙΟΝ ε΄

ΤΕ. Θήβης ἄνακτες, ἥκομεν κοινὴν ὁδὸν
δύ' ἐξ ἑνὸς βλέποντε· τοῖς τυφλοῖσι γὰρ
αὕτη κέλευθος ἐκ προηγητοῦ πέλει. 990
ΚΡ. τί δ' ἔστιν, ὦ γεραιὲ Τειρεσία, νέον;
ΤΕ. ἐγὼ διδάξω, καὶ σὺ τῷ μάντει πιθοῦ.
ΚΡ. οὔκουν πάρος γε σῆς ἀπεστάτουν φρενός.
ΤΕ. τοιγὰρ δι' ὀρθῆς τήνδε ναυκληρεῖς πόλιν.
ΚΡ. ἔχω πεπονθὼς μαρτυρεῖν ὀνήσιμα. 995
ΤΕ. φρόνει βεβὼς αὖ νῦν ἐπὶ ξυροῦ τύχης.
ΚΡ. τί δ' ἔστιν; ὡς ἐγὼ τὸ σὸν φρίσσω στόμα.
ΤΕ. γνώσει, τέχνης σημεῖα τῆς ἐμῆς κλύων.
εἰς γὰρ παλαιὸν θᾶκον ὀρνιθοσκόπον
ἵζων, ἵν' ἦν μοι παντὸς οἰωνοῦ λιμήν, 1000
ἀγνῶτ' ἀκούω φθόγγον ὀρνίθων, κακῷ
κλάζοντας οἴστρῳ καὶ βεβαρβαρωμένῳ·
καὶ σπῶντας ἐν χηλαῖσιν ἀλλήλους φοναῖς
ἔγνων· πτερῶν γὰρ ῥοῖβδος οὐκ ἄσημος ἦν.
εὐθὺς δὲ δείσας ἐμπύρων ἐγευόμην 1005
βωμοῖσι παμφλέκτοισιν· ἐκ δὲ θυμάτων
Ἥφαιστος οὐκ ἔλαμπεν, ἀλλ' ἐπὶ σποδῷ
μυδῶσα κηκὶς μηρίων ἐτήκετο
κἄτυφε κἀνέπτυε, καὶ μετάρσιοι
χολαὶ διεσπείροντο, καὶ καταρρυεῖς 1010
μηροὶ καλυπτῆς ἐξέκειντο πιμελῆς.
τοιαῦτα παιδὸς τοῦδ' ἐμάνθανον πάρα,
φθίνοντ' ἀσήμων ὀργίων μαντεύματα·

FÜNFTER AUFTRITT

Teiresias tritt auf, von einem Knaben geführt.

TE. Thebens Herren, wir sind den gleichen Weg
                                    gekommen,
zwei durch einen sehend; den Blinden nämlich
ist diese Art des Auftretens mit einem Führer.   990
KR. Was gibt es, alter Teiresias, Neues?
TE. Ich werde es erklären, und du gehorche dem Seher!
KR. Nicht stand ich doch vorher deinem Sinne fern!
TE. Dadurch lenktest du diese Stadt in günstiger Fahrt.
KR. Ich kann das bezeugen, da ich immer Nützliches
                                    erfuhr.   995
TE. Dann wisse, daß du auf des Messers Schneide stehst!
KR. Was gibt es da? Wie ich vor deinem Munde schaudere!
TE. Verstehen wirst du's, wenn du die Zeichen meiner
                                    Kunst vernimmst.
Als ich mich auf meinen alten Vogelsitz
setzte, wo jedes Vogels Heimathafen war,   1000
da höre ich unbekannten Laut von Vögeln, wie sie in böser
und unverständlicher Wut krächzten;
wie sie mit den Klauen einander blutig zerfleischten,
erkannte ich da; denn der Flügel Schlag ließ nur diese
                                    Deutung zu.
Sofort geriet ich in Schrecken, und ich prüfte die
                                    Brandopfer   1005
auf den hellodernden Altären. Aus den Opfergaben aber
leuchtete das Feuer nicht hervor, sondern auf der Asche
                                    schmolz feucht das Fett
und qualmte und spritzte in die Höhe, hochgeschleudert
platzten die Lebern, und frei von   1010
dem umhüllenden Fett lagen die Schenkelknochen bloß da.
Solches erfuhr ich dann von diesem Knaben da,
daß die Weissagekraft in unverständlicher Weise versagte.

ἐμοὶ γὰρ οὗτος ἡγεμών, ἄλλοις δ' ἐγώ.
καὶ ταῦτα τῆς σῆς ἐκ φρενὸς νοσεῖ πόλις.   1015
βωμοὶ γὰρ ἡμῖν ἐσχάραι τε παντελεῖς
πλήρεις ὑπ' οἰωνῶν τε καὶ κυνῶν βορᾶς
τοῦ δυσμόρου πεπτῶτος Οἰδίπου γόνου.
κᾆτ' οὐ δέχονται θυστάδας λιτὰς ἔτι
θεοὶ παρ' ἡμῶν οὐδὲ μηρίων φλόγα,   1020
οὐδ' ὄρνις εὐσήμους ἀπορροιβδεῖ βοάς,
ἀνδροφθόρου βεβρῶτες αἵματος λίπος.
ταῦτ' οὖν, τέκνον, φρόνησον. ἀνθρώποισι γὰρ
τοῖς πᾶσι κοινόν ἐστι τοὐξαμαρτάνειν·
ἐπεὶ δ' ἁμάρτῃ, κεῖνος οὐκέτ' ἔστ' ἀνὴρ   1025
ἄβουλος οὐδ' ἄνολβος, ὅστις ἐς κακὸν
πεσὼν ἀκῆται μηδ' ἀκίνητος πέλῃ.
αὐθαδία τοι σκαιότητ' ὀφλισκάνει.
ἀλλ' εἶκε τῷ θανόντι μηδ' ὀλωλότα
κέντει· τίς ἀλκὴ τὸν θανόντ' ἐπικτανεῖν;   1030
εὖ σοι φρονήσας εὖ λέγω· τὸ μανθάνειν δ'
ἥδιστον εὖ λέγοντος, εἰ κέρδος λέγοι.
ΚΡ. ὦ πρέσβυ, πάντες ὥστε τοξόται σκοποῦ
τοξεύετ' ἀνδρὸς τοῦδε, κοὐδὲ μαντικῆς
ἄπρακτος ὑμῖν εἰμι· τῶν δ' ὑπαὶ γένους   1035
ἐξημπόλημαι κἀμπεφόρτισμαι πάλαι.
κερδαίνετ', ἐμπολᾶτε τἀπὸ Σάρδεων
ἤλεκτρον, εἰ βούλεσθε, καὶ τὸν Ἰνδικὸν
χρυσόν· τάφῳ δ' ἐκεῖνον οὐχὶ κρύψετε,
οὐδ' εἰ θέλουσ' οἱ Ζηνὸς αἰετοὶ βορὰν   1040
φέρειν νιν ἁρπάζοντες ἐς Διὸς θρόνους,
οὐδ' ὣς – μίασμα τοῦτο μὴ τρέσας – ἐγὼ
θάπτειν παρήσω κεῖνον· εὖ γὰρ οἶδ', ὅτι

Antigone   83

Denn für mich ist dieser Führer, für die anderen ich.
Und so krankt wegen deiner Haltung die Stadt.   1015
Denn die Altäre und die hochheiligen Opferstätten sind uns
voll vom Fraß der Vögel und Hunde
von dem unselig gefallenen Ödipussohn.
Und so nehmen die Götter denn nicht mehr die Opfergebete
                                                                                        an
von uns und auch der Lenden Dampf,   1020
und kein Vogel läßt Geschrei ertönen als frohes Zeichen,
weil sie gegessen haben vom Fett eines Ermordeten.
Dies nun bedenke, Kind. Den Menschen nämlich
allen ist gemeinsam, einen Fehlschuß zu tun.
Wenn aber einer gefehlt hat, dann ist der nicht mehr   1025
ein unberatener, auch kein unglückseliger Mann, der ins
                                                                                    Unglück
gestürzt, es wieder gutmacht und nicht unbeweglich bleibt.
Selbstgefälligkeit zieht notwendig Linkischkeit nach sich.
Gib nach den Toten, und auf einem, der zugrunde ging,
hacke nicht herum. Was ist das für eine Stärke, einen Toten
                                                        noch einmal zu töten?   1030
Ich mein es gut mit dir und rede in deinem Sinn. Lernen aber
von einem, dessen Worte gut sind, bringt Freude, wenn er
                                                        Vorteilhaftes redet.
KR. Alter, wie alle Bogenschützen nach dem Ziel,
schießt ihr auf den Mann vor euch, und selbst mit der
                                                                            Wahrsagekunst
habt ihr's an mir versucht. Von dieser Zunft   1035
bin ich längst verraten und verkauft.
Sucht eueren Gewinn, erhandelt euch von Sardes
das Hellgold und, wenn ihr wollt, das indische
Gold; im Grabe werdet ihr jenen nicht bergen.
Auch dann nicht, wenn die Adler des Zeus ihn als Fraß   1040
durch Raub zum Thron des obersten Gottes bringen
                                                                                    wollen –
ich zittere nicht vor dieser Befleckung –, und so werde ich
nicht zulassen, ihn zu begraben; denn ich weiß wohl, daß

Ἀντιγόνη

θεοὺς μιαίνειν οὔτις ἀνθρώπων σθένει.
πίπτουσι δ', ὦ γεραιὲ Τειρεσία, βροτῶν 1045
χοἰ πολλὰ δεινοὶ πτώματ' αἴσχρ', ὅταν λόγους
αἰσχροὺς καλῶς λέγωσι τοῦ κέρδους χάριν.
ΤΕ. φεῦ.
ἆρ' οἶδεν ἀνδρώπων τις, ἆρα φράζεται – –
ΚΡ. τί χρῆμα; ποῖον τοῦτο πάγκοινον λέγεις;
ΤΕ. ὅσῳ κράτιστον κτημάτων εὐβουλία; 1050
ΚΡ. ὅσωπερ, οἶμαι, μὴ φρονεῖν πλείστη βλάβη.
ΤΕ. ταύτης σὺ μέντοι τῆς νόσου πλήρης ἔφυς.
ΚΡ. οὐ βούλομαι τὸν μάντιν ἀντειπεῖν κακῶς.
ΤΕ. καὶ μὴν λέγεις, ψευδῆ με θεσπίζειν λέγων.
ΚΡ. τὸ μαντικὸν γὰρ πᾶν φιλάργυρον γένος. 1055
ΤΕ. τὸ δ' ἐκ τυράννων αἰσχροκέρδειαν φιλεῖ.
ΚΡ. ἆρ' οἶσθα ταγοὺς ὄντας, ἂν λέγῃς, λέγων;
ΤΕ. οἶδ'· ἐξ ἐμοῦ γὰρ τήνδ' ἔχεις σώσας πόλιν.
ΚΡ. σοφὸς σὺ μάντις, ἀλλὰ τἀδικεῖν φιλῶν.
ΤΕ. ὄρσεις με τἀκίνητα διὰ φρενῶν φράσαι. 1060
ΚΡ. κίνει, μόνον δὲ μὴ 'πὶ κέρδεσιν λέγων.
ΤΕ. οὕτω γὰρ ἤδη καὶ δοκῶ τὸ σὸν μέρος.
ΚΡ. ὡς μὴ 'μπολήσων ἴσθι τὴν ἐμὴν φρένα.
ΤΕ. ἀλλ' εὖ γέ τοι κάτισθι μὴ πολλοὺς ἔτι
τρόχους ἁμιλλητῆρας ἡλίου τελῶν, 1065
ἐν οἷσι τῶν σῶν αὐτὸς ἐκ σπλάγχνων ἕνα
νέκυν νεκρῶν ἀμοιβὸν ἀντιδοὺς ἔσει.
ἀνθ' ὧν ἔχεις μὲν τῶν ἄνω βαλὼν κάτω
ψυχήν τ' ἀτίμως ἐν τάφῳ κατῴκισας,
ἔχεις δὲ τῶν κάτωθεν ἐνθάδ' αὖ θεῶν 1070
ἄμοιρον, ἀκτέριστον, ἀνόσιον νέκυν.

die Götter zu entweihen keiner der Menschen vermag.
Es tun aber, lieber alter Teiresias, von den Sterblichen   1045
auch die in vielem Mächtigen einen schmählichen Fall,
wenn sie schändliche Worte schön sagen um des Gewinnes
                                willen.
TE. Weiß von den Menschen einer, läßt er sich wohl gesagt
                                sein ...
KR. Was denn? Was für einen Gemeinplatz sprichst du aus?
TE. ... wie weit das beste von allen Besitztümern ist, wohl
                                beraten zu sein.   1050
KR. So weit, als Mißverstehen der größte Schaden ist.
TE. Von dieser Krankheit wahrlich voll wardst du von
                                Natur.
KR. Ich habe keine Lust, des Sehers Schelte zu erwidern.
TE. Und du tust es mit Worten, daß ich bewußt Falsches
                                weissage.
KR. Das ganze Seher volk giert nach Geld.   1055
TE. Und der Herrscher liebt den Schandgewinn.
KR. Weißt du, daß alle deine Worte an einen Fürsten gehen?
TE. Ich weiß, durch mich hast du diese Stadt bewahrt.
KR. Ein weiser Seher bist du, aber einer, der das Unrecht
                                liebt.
TE. Du treibst mich, noch in meinem Herzen
                                Unangerührtes darzutun.   1060
KR. Hol es heraus, aber rede nur nicht um Gewinn für dich.
TE. So kommt es mir denn auch vor, was dich betrifft!
KR. Daß du meinen Sinn nicht kaufen wirst, darüber sei dir
                                klar!
TE. So wisse denn, daß du nicht mehr viele
rasch rollende Kreise der Sonne erleben wirst,   1065
innerhalb deren du selbst von deinen Blutsverwandten einen
Toten den Toten zum Entgelt dagegen geben mußt,
dafür, daß du von den Oberen hinabstürztest
ein Leben und ihm ehrlos ein Grab als Zuhause gabst
und daß du hier festhältst der unterirdischen Götter   1070
unteilhaftig, unbestattet, ungeweiht einen Toten.

ὧν οὔτε σοὶ μέτεστιν οὔτε τοῖς ἄνω
θεοῖσιν, ἀλλ' ἐκ σοῦ βιάζονται τάδε.
τούτων σε λωβητῆρες ὑστεροφθόροι
λοχῶσιν Ἅιδου καὶ θεῶν Ἐρινύες, 1075
ἐν τοῖσιν αὐτοῖς τοῖσδε ληφθῆναι κακοῖς.
καὶ ταῦτ' ἄθρησον εἰ κατηργυρωμένος
λέγω· φανεῖ γὰρ (οὐ μακροῦ χρόνου τριβή)
ἀνδρῶν γυναικῶν σοῖς δόμοις κωκύματα.
ἐχθραὶ δὲ πᾶσαι συνταράσσονται πόλεις, 1080
ὅσων σπαράγματ' ἢ κύνες καθήγνισαν
ἢ θῆρες ἤ τις πτηνὸς οἰωνός, φέρων
ἀνόσιον ὀσμὴν ἑστιοῦχον ἐς πόλιν.
τοιαῦτά σου, λυπεῖς γάρ, ὥστε τοξότης
ἀφῆκα θυμῷ καρδίας τοξεύματα 1085
βέβαια, τῶν σὺ θάλπος οὐχ ὑπεκδραμῇ.
ὦ παῖ, σὺ δ' ἡμᾶς ἄπαγε πρὸς δόμους, ἵνα
τὸν θυμὸν οὗτος ἐς νεωτέρους ἀφῇ,
καὶ γνῷ τρέφειν τὴν γλῶσσαν ἡσυχωτέραν
τὸν νοῦν τ' ἀμείνω τῶν φρενῶν ἢ νῦν φέρει. 1090

ΧΟ. ἁνήρ, ἄναξ, βέβηκε δεινὰ θεσπίσας·
ἐπιστάμεσθα δ', ἐξ ὅτου λευκὴν ἐγὼ
τήνδ' ἐκ μελαίνης ἀμφιβάλλομαι τρίχα,
μή πώ ποτ' αὐτὸν ψεῦδος ἐς πόλιν λακεῖν.
ΚΡ. ἔγνωκα καὐτὸς καὶ ταράσσομαι φρένας· 1095
τό τ' εἰκαθεῖν γὰρ δεινόν, ἀντιστάντα τε
ἄτῃ πατάξαι θυμὸν ἐν δεινῷ πάρα.
ΧΟ. εὐβουλίας δεῖ, παῖ Μενοικέως, Κρέον.
ΚΡ. τί δῆτα χρὴ δρᾶν; φράζε· πείσομαι δ' ἐγώ.

Daran hast weder du Anteil noch die oberen
Götter, sondern von dir aus wird ihnen hierin Gewalt
angetan.
Dafür lauern die Unheilstifterinnen, die im nachhinein
strafen,
im Hades dir auf, und der Götter Rächerinnen, 1075
daß du ergriffen wirst von den gleichen Übeln.
Und sieh, ob ich, von Geld bestochen,
rede; zeigen wird es dir, und das dauert nicht mehr lange,
der Männer und Frauen Klage deinem Hause.
In Feindschaft wird jede Stadt aufgewirbelt, 1080
wenn in ihr zerfetzten Leichen Hunde die
Bestattungsweihen geben
oder wilde Tiere oder ein Vogel, der
unheiligen Gestank in die heimatliche Stadt bringt.
Solche Pfeile – denn du kränkst mich – wie ein Bogenschütze
schickt' ich sie dir ins Herz, 1085
festhaftende, deren Brand du nicht entrinnen wirst.
Knabe, führ uns nach Haus, damit
dieser seinen Zorn auf jüngere herabläßt
und er zu erziehen lernt seine Zunge zu mehr Ruhe
und den Verstand zu besserer Besinnung, als er jetzt
hat. 1090

CH. Dieser Mann, Herr, ist weg, nachdem er Fürchterliches
prophezeite.
Wir aber wissen, seit dieses weiße
Haar anstatt des schwarzen herunterfällt,
daß er noch nie eine Lüge in die Stadt hinein gesagt.
KR. Ich weiß es selbst und bin verwirrt in meinem
Sinn. 1095
Denn nachzugeben ist schrecklich, sich aber wehren
und schicksalhaft sich selbst zu schlagen, geht über das
Schreckliche hinaus.
CH. Es bedarf des richtigen Rates, Menoikeussohn Kreon!
KR. Was ist nun zu tun? Sage es, ich werde folgen.

ΧΟ. ἐλθὼν κόρην μὲν ἐκ κατώρυχος στέγης 1100
ἄνες, κτίσον δὲ τῷ προκειμένῳ τάφον.
ΚΡ. καὶ ταῦτ' ἐπαινεῖς καὶ δοκεῖ παρεικαθεῖν;
ΧΟ. ὅσον γ', ἄναξ, τάχιστα· συντέμνουσι γὰρ
θεῶν ποδώκεις τοὺς κακόφρονας Βλάβαι.
ΚΡ. οἴμοι· μόλις μέν, καρδίας δ' ἐξίσταμαι 1105
τὸ δρᾶν· ἀνάγκῃ δ' οὐχὶ δυσμαχητέον.
ΧΟ. δρᾶ νυν τάδ' ἐλθὼν μηδ' ἐπ' ἄλλοισιν τρέπε.
ΚΡ. ὧδ' ὡς ἔχω στείχοιμ' ἄν· ἴτ' ἴτ' ὀπάονες,
οἵ τ' ὄντες οἵ τ' ἀπόντες, ἀξίνας χεροῖν
ὁρμᾶσθ' ἑλόντες εἰς ἐπόψιον τόπον. 1110
ἐγὼ δ', ἐπειδὴ δόξα τῇδ' ἐπεστράφη,
αὐτός τ' ἔδησα καὶ παρὼν ἐκλύσομαι.
δέδοικα γάρ, μὴ τοὺς καθεστῶτας νόμους
ἄριστον ᾖ σῴζοντα τὸν βίον τελεῖν.

ΣΤΑΣΙΜΟΝ ε'

ΧΟΡΟΣ.

Στροφὴ α'

Πολυώνυμε, Καδμείας νύμφας ἄγαλμα 1115
καὶ Διὸς βαρυβρεμέτα
γένος, κλυτὰν ὃς ἀμφέπεις
Ἰταλίαν, μέδεις δὲ
παγκοίνοις Ἐλευσινίας 1120
Δῃοῦς ἐν κόλποις, ὦ Βακχεῦ, Βακ-

CH. Geh hin und laß das Mädchen aus der
                                      unterirdischen   1100
Gruft und weihe dem offen Daliegenden ein Grab.
KR. Dies hältst du für richtig, und du empfiehlst
                                      nachzugeben.
CH. So schnell wie möglich, Herr; es holen ein
der Götter schnellfüßige Schadengeister die bös Irrenden.
KR. O weh, mühsam nur kann ich mich selbst
                                      überwinden   1105
zu dieser Tat. Gegen die Notwendigkeit aber läßt sich
                                      schwer ankämpfen.
CH. Geh und tue es und überlaß es andern nicht!
KR. So, wie ich bin, gehe ich; los, ihr Diener,
nahe und fern, nehmt Äxte zur Hand
und eilt auf den hoch gelegenen Ort!   1110
Ich aber, nachdem sich mein Entschluß so geändert hat –
ich habe sie selbst gebunden –, werde sie an Ort und Stelle
                                      wieder lösen.
Vielleicht ist es das beste, daß man die bestehenden Gesetze
wahre bis zu seinem Lebensende.

FÜNFTES STANDLIED

CHOR.

Strophe 1

Vielnamiger, der kadmeischen Jungfrau Stolz   1115
und des schwer donnernden Zeus
Sproß, der du beschirmst das gefeierte
Italien und waltest
in den gastlichen Buchten   1120
der eleusinischen Deo, Bakcheus, der du der Bak-

χᾶν ματρόπολιν Θήβαν
ναιετῶν παρ' ὑγρὸν
Ἰσμηνοῦ ῥεῖθρόν τ' ἀγρίου τ'
ἐπὶ σπορᾷ δράκοντος· 1125

Ἀντιστροφὴ α'

σὲ δ' ὑπὲρ διλόφου πέτρας στέροψ ὄπωπε
λιγνύς, ἔνθα Κωρύκιαι
νύμφαι στείχουσι Βακχίδες,
Κασταλίας τε νᾶμα· 1130
καί σε Νυσαίων ὀρέων
κισσήρεις ὄχθαι χλωρά τ' ἀκτὰ
πολυστάφυλος πέμπει,
ἀμβρότων ἐπετᾶν
εὐαζόντων Θηβαΐας 1135
ἐπισκοποῦντ' ἀγυιάς·

Στροφὴ β'

τὰν ἐκ πασᾶν τιμᾷς
ὑπερτάταν πόλεων
ματρὶ σὺν κεραυνίᾳ·
καὶ νῦν, ὡς βιαίας ἔχεται 1140
πάνδαμος πόλις ἐπὶ νόσου,
μολεῖν καθαρσίῳ ποδὶ Παρνασίαν
ὑπὲρ κλιτὺν ἢ στονόεντα πορθμόν. 1145

Ἀντιστροφὴ β'

Ἰὼ πῦρ πνεόντων
χοράγ' ἄστρων, νυχίων
φθεγμάτων ἐπίσκοπε,

chantinnen Mutterstadt Theben
bewohnst an den feuchten
Wassern des Ismenos und an des wilden
Drachen Saatstätte. 1125

Gegenstrophe 1

Dich sieht auf zweigipfligem Felsen der helle
Qualm, wo die korykischen
Nymphen einhergehen, die bakchischen,
und Kastalias Quell. 1130
Dich entsenden auch der nysischen Berge
efeuumrankte Ränder und das grüne Ufer,
das traubenreiche,
wenn du unter der göttlichen Begleiter
Jubelruf die thebischen 1135
Straßen besuchst.

Strophe 2

Die Stadt ehrst du
als höchste von allen,
zusammen mit der blitzgetroffenen Mutter;
auch jetzt, wo von gewaltiger 1140
Krankheit die Stadt mit dem gesamten Volk erfaßt wird,
komm mit reinigendem Fuß über des Parnaß
Hügel oder die tosende Furt. 1145

Gegenstrophe 2

Io, der feuerhauchenden Sterne
Chorführer, des nächtlichen
Jubelschalles Aufseher,

παῖ, Διὸς γένεθλον, προφάνηθ',
ὦναξ, σαῖς ἅμα περιπόλοις 1150
Θυίαισιν, αἵ σε μαινόμεναι πάννυχοι
χορεύουσι τὸν ταμίαν Ἴακχον.

ΕΞΟΔΟΣ

ΑΓ. Κάδμου πάροικοι καὶ δόμων Ἀμφίονος, 1155
οὐκ ἔσθ' ὁποῖον στάντ' ἂν ἀνθρώπου βίον
οὔτ' αἰνέσαιμ' ἂν οὔτε μεμψαίμην ποτέ.
τύχη γὰρ ὀρθοῖ καὶ τύχη καταρρέπει
τὸν εὐτυχοῦντα τόν τε δυστυχοῦντ' ἀεί·
καὶ μάντις οὐδεὶς τῶν καθεστώτων βροτοῖς. 1160
Κρέων γὰρ ἦν ζηλωτός, ὡς ἐμοί, ποτέ,
σώσας μὲν ἐχθρῶν τήνδε Καδμείαν χθόνα
λαβών τε χώρας παντελῆ μοναρχίαν
ηὔθυνε, θάλλων εὐγενεῖ τέκνων σπορᾷ.
καὶ νῦν ἀφεῖται πάντα. τὰς γὰρ ἡδονὰς 1165
ὅταν προδῶσιν, ἄνδρες, οὐ τίθημ' ἐγὼ
ζῆν τοῦτον, ἀλλ' ἔμψυχον ἡγοῦμαι νεκρόν.
πλούτει τε γὰρ κατ' οἶκον, εἰ βούλει, μέγα

zeusentsprossenes Kind, erscheine,
o Herr, zusammen mit deinen Dienerinnen, 1150
die dich im Rausch die ganze Nacht hindurch
betanzen, den waltenden Jakchos.

SCHLUSSSZENE

Bote kommt von der Seite.

BO. Ihr Anwohner der Burg des Kadmos und des
                                        Amphion, 1155
nicht gibt es ein Menschenleben, das, solange es andauert,
ich weder loben noch tadeln würde bisweilen.
Denn das Schicksal richtet auf und Schicksal stürzt
den im Glück und den im Unglück Befindlichen zu jeder
                                        Zeit,
und kein Seher für das, was fest bleibt, ist den
                                        Sterblichen. 1160
Denn Kreon war, zumindest für mich, einmal
                                        beneidenswert;
hatte er doch dieses kadmische Land vor den Feinden
                                        errettet,
die gesamte Herrschergewalt über das Land an sich
                                        genommen
und den richtigen Kurs gesteuert, blühend in der Kinder
                                        wohlgeratenen Saat.
Und nun ist alles dahin. Wenn nämlich die Freuden des
                                        Lebens 1165
ein Mensch preisgibt, so nehme ich nicht an,
daß dieser lebt, sondern halte ihn für einen lebendigen
                                        Toten.
Denn sei noch so reich im Hause, wenn du willst, gar sehr,

καὶ ζῇ τύραννον σχῆμ' ἔχων· ἐὰν δ' ἀπῇ
τούτων τὸ χαίρειν, τἄλλ' ἐγὼ καπνοῦ σκιᾶς 1170
οὐκ ἂν πριαίμην ἀνδρὶ πρὸς τὴν ἡδονήν.
ΧΟ. τί δ' αὖ τόδ' ἄχθος βασιλέων ἥκεις φέρων;
ΑΓ. τεθνᾶσιν· οἱ δὲ ζῶντες αἴτιοι θανεῖν.
ΧΟ. καὶ τίς φονεύει; τίς δ' ὁ κείμενος; λέγε.
ΑΓ. Αἵμων ὄλωλεν· αὐτόχειρ δ' αἱμάσσεται. 1175
ΧΟ. πότερα πατρῴας ἢ πρὸς οἰκείας χερός;
ΑΓ. αὐτὸς πρὸς αὑτοῦ, πατρὶ μηνίσας φόνου.
ΧΟ. ὦ μάντι, τοὔπος ὡς ἄρ' ὀρθὸν ἤνυσας.
ΑΓ. ὡς ὧδ' ἐχόντων τἄλλα βουλεύειν πάρα.
ΧΟ. καὶ μὴν ὁρῶ τάλαιναν Εὐρυδίκην ὁμοῦ, 1180
δάμαρτα τὴν Κρέοντος· ἐκ δὲ δωμάτων
ἤτοι κλύουσα παιδὸς ἢ τύχῃ περᾷ.
ΕΥ. ὦ πάντες ἀστοί, τῶν λόγων ἐπῃσθόμην
πρὸς ἔξοδον στείχουσα, Παλλάδος θεᾶς
ὅπως ἱκοίμην εὐγμάτων προσήγορος. 1185
καὶ τυγχάνω τε κλῇθρ' ἀνασπαστοῦ πύλης
χαλῶσα, καί με φθόγγος οἰκείου κακοῦ
βάλλει δι' ὤτων· ὑπτία δὲ κλίνομαι
δείσασα πρὸς δμωαῖσι κἀποπλήσσομαι.
ἀλλ' ὅστις ἦν ὁ μῦθος, αὖθις εἴπατε· 1190
κακῶν γὰρ οὐκ ἄπειρος οὖσ' ἀκούσομαι.
ΑΓ. ἐγώ, φίλη δέσποινα, καὶ παρὼν ἐρῶ
κοὐδὲν παρήσω τῆς ἀληθείας ἔπος.
τί γάρ σε μαλθάσσοιμ' ἄν, ὧν ἐς ὕστερον
ψεῦσται φανούμεθ'; ὀρθὸν ἀλήθει' ἀεί. 1195
ἐγὼ δὲ σῷ ποδαγὸς ἑσπόμην πόσει
πεδίον ἐπ' ἄκρον, ἔνθ' ἔκειτο νηλεὲς
κυνοσπάρακτον σῶμα Πολυνείκους ἔτι·
καὶ τὸν μέν, αἰτήσαντες ἐνοδίαν θεὸν

Antigone 95

und lebe wie ein Fürst; wenn aber fern bleibt davon die
                                        Freude,
dann kauf ich alles andere nicht um den Schatten eines
                                        Rauches   1170
einem Manne ab um Freude.
CH. Was bringst du für ein Leid der Könige wieder mit?
BO. Sie sind tot; die Lebenden sind schuld an dem Sterben.
CH. Und wer ist der Mörder? Wer liegt zu Boden? Sprich!
BO. Haimon ist tot; durch eigene Hand liegt er im
                                        Blut.   1175
CH. Durch seines Vaters oder eigene Hand?
BO. Eigne, im Zorn auf seinen Vater wegen des Mordes.
CH. O Seher, wie treffend hast du dein Wort wahr gemacht.
BO. Ist dem so, muß man alles Weitere bedenken.
Da sehe ich die Ärmste, Eurydike, dort,   1180
die Gattin des Kreon; aus dem Hause kommt sie.
Ob sie von ihrem Sohn gehört hat oder nur ungefähr?

Eurydike tritt auf.

EU. Ihr Bürger alle, euere Worte vernahm ich,
als ich zum Ausgang ging, um Pallas Athene
mit Gebeten anzurufen auf dem Weg.   1185
Und ich öffne die Riegel der Tür, so daß sie aufgeht,
und da dringt der Schall des eigenen Leides
durch meine Ohren; ich sinke zurück
vor Schreck auf meine Dienerinnen und bin wie betäubt.
Aber, welches euere Rede war, sprecht noch einmal!   1190
Im Leid nicht unerfahren, will ich es hören.
BO. Ich, liebe Herrin, war dabei und will es sagen,
und kein Wort von der Wahrheit auslassen.
Denn was sollt' ich dich schonen, um dann später
als Lügner dazustehen; die Wahrheit ist immer richtig.   1195
Ich ging mit deinem Gatten als Wegführer
zur Ebene auf der Höhe, wo noch lag, ohne Erbarmen,
von Hunden umhergezerrt, die Leiche des Polyneikes.
Ihn nun, nachdem zur Göttin der Wege wir gebetet

Πλούτωνά τ' ὀργὰς εὐμενεῖς κατασχεθεῖν, 1200
λούσαντες ἁγνὸν λουτρόν, ἐν νεοσπάσιν
θαλλοῖς ὃ δὴ 'λέλειπτο συγκατήθομεν,
καὶ τύμβον ὀρθόκρανον οἰκείας χθονὸς
χώσαντες αὖθις πρὸς λιθόστρωτον κόρης
νυμφεῖον Ἅιδου κοῖλον εἰσεβαίνομεν. 1205
φωνῆς δ' ἄπωθεν ὀρθίων κωκυμάτων
κλύει τις ἀκτέριστον ἀμφὶ παστάδα,
καὶ δεσπότῃ Κρέοντι σημαίνει μολών·
τῷ δ' ἀθλίας ἄσημα περιβαίνει βοῆς
ἕρποντι μᾶλλον ἆσσον, οἰμώξας δ' ἔπος 1210
ἵησι δυσθρήνητον· «ὦ τάλας ἐγώ,
ἆρ' εἰμὶ μάντις; ἆρα δυστυχεστάτην
κέλευθον ἕρπω τῶν παρελθουσῶν ὁδῶν;
παιδός με σαίνει φθόγγος. ἀλλὰ πρόσπολοι,
ἴτ' ἆσσον ὠκεῖς καὶ παραστάντες τάφῳ 1215
ἀθρήσαθ', ἁρμὸν χώματος λιθοσπαδῆ
δύντες πρὸς αὐτὸ στόμιον, εἰ τὸν Αἵμονος
φθόγγον συνίημ' ἢ θεοῖσι κλέπτομαι».
τάδ' ἐξ ἀθύμου δεσπότου κελευσμάτων
ἠθροῦμεν· ἐν δὲ λοισθίῳ τυμβεύματι 1220
τὴν μὲν κρεμαστὴν αὐχένος κατείδομεν,
βρόχῳ μιτώδει σινδόνος καθημμένην,
τὸν δ' ἀμφὶ μέσσῃ περιπετῆ προσκείμενον,
εὐνῆς ἀποιμώζοντα τῆς κάτω φθορὰν
καὶ πατρὸς ἔργα καὶ τὸ δύστηνον λέχος. 1225
ὁ δ' ὡς ὁρᾷ σφε, στυγνὸν οἰμώξας ἔσω
χωρεῖ πρὸς αὐτὸν κἀνακωκύσας καλεῖ
«ὦ τλῆμον, οἷον ἔργον εἴργασαι· τίνα
νοῦν ἔσχες; ἐν τῷ συμφορᾶς διεφθάρης;

und zu Pluton, sie möchten ihren Zorn gnädig
                                      zurückhalten,   1200
wuschen wir in heiliger Waschung, auf frisch gepflückten
Zweigen verbrannten wir, was noch übrig war;
dann schütteten wir ein hohes Grab aus Heimaterde
auf und gingen zu des Mädchens steingemauerter,
hohler Todesbrautkammer hin.   1205
Von weitem hört eine Stimme schrillen Klagens
einer von uns um den Grabbau, den keine Todesgaben
                                      schmücken.
Er kommt und meldet es seinem Herrn, Kreon.
Ihm dringt das Unbestimmte des Unglücksrufs zu Ohren,
je näher er kommt. Er bricht in lautes Stöhnen aus
                                      und   1210
stößt das Klagewort hervor: »O Unglückseliger, ich!
Bin ich ein Seher? Gehe ich den schlimmsten
Gang von allen Wegen, die ich je ging?
Ein Laut, der mich an meinen Sohn erinnert, dringt zu mir.
                   Auf Diener!
Geht rasch hin, tretet an das Grab   1215
und schaut, in die Spalte des Grabes, wo die Steine
                                      weggenommen sind,
eindringend, bis an die Mündung, ob ich Haimons
Stimme gehört habe oder von den Göttern genarrt werde!«
Diese Befehle des völlig entmutigten Herrn
befolgen wir. In der hintersten Ecke des Grabes,   1220
am Halse aufgehängt, erblicken wir das Mädchen,
in eine gedrehte Schlinge aus feiner Leinwand geknüpft,
und ihn hingesunken, an der Hüfte sie umschlingend,
beklagend den Verlust des Bettes hier oben
und des Vaters Tat und das unselige Lager.   1225
Sobald er Haimon sieht, stöhnt er schauerlich auf und
geht hinein zu ihm, und klagend ruft er:
»Unglücklicher, was hast du getan? Auf was für einen
Gedanken kamst du? In welchem Unglück wurdest du
                                      vernichtet?

ἔξελθε, τέκνον, ἱκέσιός σε λίσσομαι». 1230
τὸν δ' ἀγρίοις ὄσσοισι παπτήνας ὁ παῖς,
πτύσας προσώπῳ κοὐδὲν ἀντειπών, ξίφους
ἕλκει διπλοῦς κνώδοντας· ἐκ δ' ὁρμωμένου
πατρὸς φυγαῖσιν ἤμπλακ'· εἶθ' ὁ δύσμορος
αὑτῷ χολωθείς, ὥσπερ εἶχ', ἐπεντανθεὶς 1235
ἤρεισε πλευραῖς μέσσον ἔγχος, ἐς δ' ὑγρὸν
ἀγκῶν' ἔτ' ἔμφρων παρθένῳ προσπτύσσεται·
καὶ φυσιῶν ὀξεῖαν ἐκβάλλει ῥοὴν
λευκῇ παρειᾷ φοινίου σταλάγματος.
κεῖται δὲ νεκρὸς περὶ νεκρῷ, τὰ νυμφικὰ 1240
τέλη λαχὼν δείλαιος εἰν Ἅιδου δόμοις,
δείξας ἐν ἀνθρώποισι τὴν ἀβουλίαν
ὅσῳ μέγιστον ἀνδρὶ πρόσκειται κακόν.

ΧΟ. τί τοῦτ' ἂν εἰκάσειας; ἡ γυνὴ πάλιν
φρούδη, πρὶν εἰπεῖν ἐσθλὸν ἢ κακὸν λόγον. 1245
ΑΓ. καὐτὸς τεθάμβηκ'· ἐλπίσιν δὲ βόσκομαι
ἄχη τέκνου κλύουσαν ἐς πόλιν γόους
οὐκ ἀξιώσειν, ἀλλ' ὑπὸ στέγης ἔσω
δμωαῖς προθήσειν πένθος οἰκεῖον στένειν.
γνώμης γὰρ οὐκ ἄπειρος ὥσθ' ἁμαρτάνειν. 1250
ΧΟ. οὐκ οἶδ'· ἐμοὶ δ' οὖν ἥ τ' ἄγαν σιγὴ βαρὺ
δοκεῖ προσεῖναι χἠ μάτην πολλὴ βοή.
ΑΓ. ἀλλ' εἰσόμεσθα, μή τι καὶ κατάσχετον
κρυφῇ καλύπτει καρδίᾳ θυμουμένῃ,
δόμους παραστείχοντες· εὖ γὰρ οὖν λέγεις· 1255
καὶ τῆς ἄγαν γὰρ ἐστί που σιγῆς βάρος.

Antigone 99

Komm heraus, Kind, auf den Knien bitte ich dich!« 1230
Ihn starrt mit wild flackernden Augen der Sohn an,
speit ihm ins Gesicht, gibt keine Antwort, des Schwertes
Doppelknauf zieht er, den in wilder Flucht fortstürzenden
Vater verfehlt er. Darauf bohrt der Unglückselige,
rasend über sich selbst, wie er war, sich darauf
                                        stemmend 1235
das Schwert in die Seite bis zur Mitte, in den schlaffen
Arm schmiegt er sich dem Mädchen noch bei Besinnung.
Und schnaubend stößt er einen scharfen Schwall
blutiger Tropfen auf ihre weiße Wange.
Er liegt tot bei der Toten, die Hochzeits- 1240
weihen erlangt der Arme im Haus des Hades,
und er zeigt dem Menschen, wie sehr Unvernunft
für einen Mann das größte Übel ist.
(Eurydike geht ins Haus.)

CH. Wie deutest du dies? Die Frau ist wieder
fort, bevor sie ein gutes oder böses Wort gesprochen. 1245
BO. Auch ich bin verwundert; an die Hoffnung klammere
                                        ich mich,
nachdem sie von des Kindes Leid erfahren, halte sie Klagen
vor der Stadt nicht für richtig, und unter dem Dach,
                                        drinnen,
trage sie den Mägden auf, des Hauses Totenklage zu
                                        beginnen.
Sie ist zu verständig, als daß sie etwas Falsches täte. 1250
CH. Ich weiß nicht, mir scheint allzu tiefe Ruhe belastender
als leeres lautes Schreien.
BO. Bald werden wir es wissen, ob sie verhalten
etwas geheim in ihrem erregten Herzen birgt,
wenn wir in das Haus gehen. Du hast völlig recht. 1255
Auch ist allzu großes Schweigen bedenklich.
*(Der Bote geht ins Haus, Diener tragen auf einer Bahre
Haimons Leiche herein, Kreon wirft sich über sie.)*

ΚΟΜΜΟΣ

ΧΟ. καὶ μὴν ὅδ' ἄναξ αὐτὸς ἐφήκει
μνῆμ' ἐπίσημον διὰ χειρὸς ἔχων,
εἰ θέμις εἰπεῖν, οὐκ ἀλλοτρίαν
ἄτην, ἀλλ' αὐτὸς ἁμαρτών. 1260

Στροφὴ α'

ΚΡ. Ἰὼ
φρενῶν δυσφρόνων ἁμαρτήματα
στερεὰ θανατόεντ',
ὢ κτανόντας τε καὶ
θανόντας βλέποντες ἐμφυλίους.
ὤμοι ἐμῶν ἄνολβα βουλευμάτων. 1265
ἰὼ παῖ, νέος νέῳ ξὺν μόρῳ,
αἰαῖ αἰαῖ,
ἔθανες, ἀπελύθης,
ἐμαῖς οὐδὲ σαῖσι δυσβουλίαις.
ΧΟ. οἴμ' ὡς ἔοικας ὀψὲ τὴν δίκην ἰδεῖν. 1270
ΚΡ. οἴμοι,
ἔχω μαθὼν δείλαιος· ἐν δ' ἐμῷ κάρᾳ
θεὸς τότ' ἄρα τότε μέγα βάρος μ' ἔχων
ἔπαισεν, ἐν δ' ἔσεισεν ἀγρίαις ὁδοῖς,
οἴμοι, λακπάτητον ἀντρέπων χαράν. 1275
φεῦ φεῦ, ἰὼ πόνοι βροτῶν δύσπονοι.
ΕΞ. ὦ δέσποθ', ὡς ἔχων τε καὶ κεκτημένος,
τὰ μὲν πρὸ χειρῶν τάδε φέρων, τὰ δ' ἐν δόμοις
ἔοικας ἥκειν καὶ τάχ' ὄψεσθαι κακά.
ΚΡ. τί δ' ἔστιν αὖ; κάκιον ἢ κακῶν ἔτι; 1280
ΕΞ. γυνὴ τέθνηκε, τοῦδε παμμήτωρ νεκροῦ,
δύστηνος, ἄρτι νεοτόμοισι πλήγμασιν.

KLAGELIED

CH. Sieh, da kommt unser Herr selbst,
ein deutlich' Mal in seinen Händen haltend –
wenn man's sagen darf –, nicht fremder
Schuld, sondern selbst hat er gefehlt. 1260

Strophe 1

KR. Io! Unsinnigen Denkens Fehler,
hart und todbringend,
oh, ihr, die ihr seht Mörder
und Ermordete eigenen Blutes.
Weh mir, das Segenlose meiner Entschlüsse, 1265
io, Kind, jung und jung tot!
Aiai, aiai,
du starbst, du wurdest weggerissen
durch meine, nicht durch deine Unberatenheit.
CH. Oh, wie spät siehst du doch das Rechte! 1270
KR. Weh mir,
ich hab gelernt, ich Ärmster. Auf mein Haupt
hat ein Gott da mit schwerer Wucht mich
geschlagen; er trieb mich in wilde Bahnen,
weh mir, trat mit Füßen des Lebens Freude und machte sie
                              zunichte. 1275
Ach, ach, io, mühselige Plagen der Sterblichen!
(Aus dem Haus kommt ein Bote.)
BO. O Herr, als einer, der hat und besitzt
bist du da und trägst dies vor dir her, im Hause aber
wirst du bald andere, neue Übel sehen.
KR. Was gibt es jetzt wieder? Noch Schlimmeres als das
                              Schlimme? 1280
BO. Die Frau ist tot, dieses Toten Mutter,
die ärmste, durch eben geschlagene Wunden.

Ἀντιστροφὴ α'

ΚΡ. Ἰὼ
ἰὼ δυσκάθαρτος Ἅιδου λιμήν,
τί μ' ἄρα, τί μ' ὀλέκεις; 1285
ὦ κακάγγελτά μοι
προπέμψας ἄχη, τίνα θροεῖς λόγον;
αἰαῖ ὀλωλότ' ἄνδρ' ἐπεξειργάσω.
τί φῄς, ὦ παῖ; τίνα λέγεις μοι νέον,
αἰαῖ αἰαῖ, 1290
σφάγιον ἐπ' ὀλέθρῳ
γυναικεῖον ἀμφικεῖσθαι μόρον;
ΧΟ. ὁρᾶν πάρεστιν· οὐ γὰρ ἐν μυχοῖς ἔτι.
ΚΡ. οἴμοι
κακὸν τόδ' ἄλλο δεύτερον βλέπω τάλας. 1295
τίς ἄρα, τίς με πότμος ἔτι περιμένει;
ἔχω μὲν ἐν χείρεσσιν ἀρτίως τέκνον,
τάλας, τὸν δ' ἔναντα προσβλέπω νεκρόν.
φεῦ φεῦ μᾶτερ ἀθλία, φεῦ τέκνον. 1300
ΕΞ. ἥδ' ὀξυθήκτῳ βωμία περὶ ξίφει
λύει κελαινὰ βλέφαρα, κωκύσασα μὲν
τοῦ πρὶν θανόντος Μεγαρέως κλεινὸν λάχος,
αὖθις δὲ τοῦδε, λοίσθιον δὲ σοὶ κακὰς
πράξεις ἐφυμνήσασα τῷ παιδοκτόνῳ. 1305

Στροφὴ β'

ΚΡ. αἰαῖ αἰαῖ,
ἀνέπταν φόβῳ. τί μ' οὐκ ἀνταίαν
ἔπαισέν τις δ' ἀμφιθήκτῳ ξίφει;

Antigone 103

Gegenstrophe 1

KR. Io,
io, des Hades Hafen, durch keine Reinigungen zu
                                                versöhnen.
Was läßt du mich, was mich zugrunde gehen?   1285
Oh, der du zur Unheilsbotschaft mir
Leiden gebracht hast, was meldest du?
Aiai, den schon toten Mann brachtest du noch einmal um.
Was sagst du, Kind? Was für ein neues –
ai, ai –   1290
Totenschicksal nennst du mir,
das der Frau, das sich zum Verderben des Sohnes um mich
                                                lagert?
(Eurydike wird auf einer Bahre hereingetragen.)
CH. Du kannst hinschauen; denn es verbirgt sich nichts
                                                mehr im Hause.

KR. Weh!
Dies andere, zweite Leiden sehe ich, ich
                                    Unglückseliger!   1295
Welches, welches Geschick wartet noch auf mich?
Gerade habe ich in den Armen das Kind,
vom Unglück verfolgt, da sehe ich vor Augen die Tote.
Ach, ach, arme Mutter, o mein Sohn!
BO. Sie löst am Altar mit scharfgeschliffener Klinge
das Auge, daß es dunkel wird, beklagt einmal
das berühmte Los des vorher gestorbenen Megareus,
dann wiederum das dieses Sohnes, zuletzt dir ein schlimmes
Vollbringen wünschend, dir, dem Kindesmörder.   1305

Strophe 2

KR. Ai, ai!
Ich flattere vor Angst. Was, hat mich nicht von vorne
einer in die Brust geschlagen mit doppelt geschliffenem
                                                Schwert?

104   Ἀντιγόνη

  δείλαιος ἐγώ, ἰώ,   1310
  δειλαίᾳ δὲ συγκέκραμαι δύᾳ.
ΕΞ. ὡς αἰτίαν γε τῶνδε κἀκείνων ἔχων
  πρὸς τῆς θανούσης τῆσδ' ἐπεσκήπτου μόρων.
ΚΡ. ποίῳ δὲ κἀπελύσατ' ἐν φοναῖς τρόπῳ;
ΕΞ. παίσασ' ὑφ' ἧπαρ αὐτόχειρ αὑτήν, ὅπως   1315
  παιδὸς τόδ' ᾔσθετ' ὀξυκώκυτον πάθος.
ΚΡ. ὤμοι μοι, τάδ' οὐκ ἐπ' ἄλλον βροτῶν
  ἐμᾶς ἁρμόσει ποτ' ἐξ αἰτίας.
  ἐγὼ γάρ σ', ἐγὼ 'κανον, ἰὼ μέλεος,
  ἐγώ, φάμ' ἔτυμον. ἰὼ πρόσπολοι,   1320
  ἄγετέ μ' ὅτι τάχιστ', ἄγετέ μ' ἐκποδών,
  τὸν οὐκ ὄντα μᾶλλον ἢ μηδένα.   1325
ΧΟ. κέρδη παραινεῖς, εἴ τι κέρδος ἐν κακοῖς·
  βράχιστα γὰρ κράτιστα τἀν ποσὶν κακά.

Ἀντιστροφὴ β'

ΚΡ. Ἴτω, ἴτω,
  φανήτω μόρων ὁ κάλλιστ' ἐμῶν
  ἐμοὶ τερμίαν ἄγων ἁμέραν   1330
  ὕπατος· ἴτω, ἴτω,
  ὅπως μηκέτ' ἆμαρ ἄλλ' εἰσίδω.
ΧΟ. μέλλοντα ταῦτα. τῶν προκειμένων τι χρὴ
  πράσσειν· μέλει γὰρ τῶνδ', ὅτοισι χρὴ μέλειν. 1335
ΚΡ. ἀλλ' ὧν ἐρῶ μέν, ταῦτα συγκατηυξάμην.
ΧΟ. μή νυν προσεύχου μηδέν· ὡς πεπρωμένης
  οὐκ ἔστι θνητοῖς συμφορᾶς ἀπαλλαγή.
ΚΡ. ἄγοιτ' ἂν μάταιον ἄνδρ' ἐκποδών,
  ὅς, ὦ παῖ, σέ τ' οὐχ ἑκὼν κατέκτανον   1340
  σέ τ' αὖ τάν, ὤμοι μέλεος, οὐδ' ἔχω,
  πρὸς πότερον ἴδω, πᾷ κλιθῶ· πάντα γὰρ

Elender ich, aiai, 1310
mit elendem Weh bin ich verkettet.
BO. Daß du schuld an diesem und an jenem Geschick
                                              hast,
wurde dir von dieser Toten hier mit Flüchen angelastet.
KR. Wie ist sie, sich mordend, geschieden?
BO. Sie stieß sich selbst unters Herz, als 1315
sie dies lautbeweinte Leiden ihres Kindes hörte.
KR. Weh mir, die Schuld wird niemals auf einen andern
von mir gewälzt werden können.
Ich, ich bin dein Mörder, ich Unglückseliger!
Ja ich, ich rede die Wahrheit. Io, Diener, 1320
führt mich weg so schnell wie möglich, schafft mich fort,
den, der nicht mehr ist als ein Niemand. 1325
CH. Gewinnbringendes rätst du, wenn ein Gewinn noch
                                              im Unglück ist.
Je schneller, desto besser muß man das Leid beseitigen.

Gegenstrophe 2

KR. Es soll kommen, soll kommen
meiner Geschicke schönstes, soll erscheinen,
das den letzten Tag mir bringt 1330
das allerletzte. Es komme doch,
damit ich nicht mehr den nächsten Tag sehen muß.
CH. Das bringt die Zukunft. Das Nötigste besorgen
ist Gebot. Darum sich sorgen ist Aufgabe derer, denen es
                                              obliegt. 1335
KR. Nur, was ich wünsche, habe ich erbeten.
CH. Bitte um nichts mehr; denn aus dem bestimmten
Schicksal gibt es für Sterbliche keine Befreiung.
KR. Bringt den eitlen Mann weg!
Der ich, mein Sohn, dich wider Willen getötet, 1340
dich und diese wieder, ich Unglückseliger; nichts habe ich,
wohin ich blicken, wo ich mich anlehnen kann; denn alles

106   Ἀντιγόνη

    λέχρια τἀν χεροῖν, τὰ δ' ἐπὶ κρατί μοι   1345
    πότμος δυσκόμιστος εἰσήλατο.

ΧΟ. πολλῷ τὸ φρονεῖν εὐδαιμονίας
    πρῶτον ὑπάρχει· χρὴ δὲ τά γ' εἰς θεοὺς
    μηδὲν ἀσεπτεῖν· μεγάλοι δὲ λόγοι   1350
    μεγάλας πληγὰς τῶν ὑπεραύχων
    ἀποτείσαντες
    γήρᾳ τὸ φρονεῖν ἐδίδαξαν.

ist bröcklig, was ich in Händen halte, aufs Haupt traf
                              mich   1345
ein schwer zu verwindendes Geschick.

CH. Bei weitem ist Besonnenheit das
höchste Glück; man darf den Bereich der Götter
in keiner Weise entweihen; doch große Worte   1350
von Prahlenden haben, wenn sie unter großen Schlägen
                              gebüßt,
im Alter vernünftiges Besinnen gelehrt.

Zum Text

Dem griechischen Text liegt die Oxford-Ausgabe von A. C. Pearson von 1924 zugrunde. An folgenden Stellen ist von diesem Text abgewichen worden:[1]

Vers	Pearson	Reclam
102	πρότερον	προτέρων
106	† Ἀργόθεν	Ἀργόθεν ἐκ
112	... ὀξέα κλάζων	ἤγαγε 'κεῖνος δ' ὀξέα κλάζων
113	[ὣς]	ὣς
125	ἀντιπάλου	ἀντιπάλῳ
129	προσνισομένους	προσνισσομένους
130	ὑπερόπτας	ὑπεροπλίαις
156	... νεοχμός	νεοχμὸς τάγος
241	στιχίζῃ κἀποφάργνυσαι	στοχάζῃ κἀποφράγνυσαι
336	–	geänderte Kolometrie
347	–	geänderte Kolometrie
352	ἀκμῆτα	ἀδμῆτα
359	–	geänderte Kolometrie
370	–	geänderte Kolometrie
377	τὸ δὲ	τόδε
378	οὐ τήνδ' εἶναι	τήνδ' οὐκ εἶναι
395	καθῃρέθη	καθευρέθη
414	ἀκηδήσοι	ἀφειδήσοι
439	ἀλλὰ τἄλλα πάνθ'	ἀλλὰ πάντα ταῦθ'
446	σύντομα	συντόμως
452	τοιούσδε ... ὥρισαν	οἳ τούσδε ... ὥρισαν
462	αὖτ'	αὑτ'
471	τὸ γοῦν λῆμ'	τὸ γέννημ'
485	ἀνατεὶ	ἀνατὶ
575	ἔφυ	ἐμοί
590–592	=	
601–603	–	geänderte Kolometrie

---

[1] Die zahlreichen Änderungen von G. Müller (Kommentar, S. 280 ff.), die meist auf älteren Konjekturen beruhen, sind kaum berücksichtigt, da die Müllersche Textkonstitution zwingend eine Neuausgabe des Textes verlangt.

Zum Text 109

662	Versfolge: 662, 668, 669, 670, 671, 663	Verszählung: suo loco
674	τ' ἐν μάχῃ	συμμάχου
684	χρημάτων	κτημάτων
687	χἀτέρως	χἀτέρῳ
688	σὺ δ'οὐ πέφυκας	σοῦ δ' οὖν πέφυκα
700	ὑπέρχεται	ἐπέρχεται
715	αὔτως ἐγκρατῆ	αὔτως ἐγκρατής
721	τιν'	τὸν
749	Verszählung: suo loco	Versfolge: 749, 756, 757, 750–755
782 ff. = 792 ff.	–	geänderte Kolometrie
814 ff. = 831 ff.	–	geänderte Kolometrie
839 ff. = 857 ff.	–	geänderte Kolometrie
845 f. = 865 f.	–	geänderte Kolometrie
855	πολὺ προσέπαισας, ὦ τέκνον	προσέπεσες, ὦ τέκνον, ποδοῖν[2]
944 ff. = 955 ff.	–	geänderte Kolometrie
966	κυανέαιν·	κυανέων
975	ἀραχθέντων	ἄτερθ' ἐγχέων
1090	ὧν	ἢ
1121 ff. = 1132 ff.	–	geänderte Kolometrie
1123 f.	ὑγροῖς ... ῥείθροις	ὑγρὸν ... ῥεῖθρον
1142	Παρνασσίαν	Παρνασίαν
1146	πνευόντων	πνεόντων
1247	γόου	γόους
1301	ἥ δ' ὀξύπληκτος ἡμένη δὲ βωμία	ἥδ' ὀξυθήκτῳ βωμία περὶ ξίφει
1321	τάχος	τάχιστ'

---

2 Vgl. H. Patzer, *Hauptperson und tragischer Held in Sophokles' ›Antigone‹*, Wiesbaden 1978, Anh. 2, S. 108 (68).

Zur Metrik

Der Dialogvers der attischen Tragödie ist der iambische Trimeter: Je zwei Jamben bilden ein Metrum (∪ _ ∪ _ | ∪ _ ∪ _), dessen erste Silbe auch lang sein kann (▽ _ ∪ _). Alle Längen, die erste Verssilbe ausgenommen, können in zwei Kürzen aufgenommen werden. Diese Variatio im Versablauf schafft entweder Ruhe und Feierlichkeit oder Lebhaftigkeit und Erregung. Das Problem metrischer Analysen ist komplex und schwierig. Im Altertum wurden die Verse in Kleinmaße oder Urmaße zerlegt. Damit wurden im 19. und 20. Jahrhundert im Rahmen der Textkritik alle Möglichkeiten durchgespielt.[1] Heute steht man auf dem Standpunkt, daß ohne Rücksicht auf Metra nur die Zahl der Hebungen angegeben wird.[2]
Die metrischen Analysen gehen somit von Urversen mit zwei, drei oder vier Hebungen und von steigendem und fallendem Rhythmus aus.
Bei den folgenden Kommentierungen werden jeweils die Grundmuster und die Strophenstruktur im Groben angegeben.

---

1 Grundlegend, weil von Textkritik und Interpretation ausgehend: U. v. Wilamowitz-Moellendorff, *Griechische Verskunst*, Berlin 1921. Dazu mit dem Ziel der Systematik: K. Rupprecht, *Einführung in die griechische Metrik*, München ³1950.
2 W. Theiler, »Die Gliederung der griechischen Chorliedstrophe«, in: *Museum Helveticum* 12 (1955) S. 181 ff. Eigene Analyse mit fruchtbaren Ansätzen: D. Korzeniewski, in: *Rheinisches Museum* N. F. 104 (1961) S. 198 ff. und N. F. 105 (1962) S. 142 ff. G. Müller im Kommentar (Heidelberg 1967) hat seine Notation auf die Prinzipien von Theiler gegründet (S. 42).

Anmerkungen

Prolog

1 Beschwörung der Gemeinsamkeit mit der Schwester.

1–10 Das Bestattungsverbot steigert die Leiden ins Unerträgliche, ein elementares Recht wird aufgehoben.

11–20 Gegenüber der erregten Antigone zeigt sich Ismene passiv: sie ist ohne Information über ihre Brüder.

21 ff. Antigone schildert das Verbot engagiert, legt die eigene Position ein für allemal fest, auch in der Art, wie sie Bewährung an der großen Aufgabe von ihrer Schwester fordert.

39 ff. Ismene begreift zunächst die Absicht der Schwester nicht. Sie hat die gleiche Pflicht wie Antigone, versagt sich aber, weil es der Polis verboten ist und gegen den Befehl des Königs geht. Der Verzicht geschieht nicht nur aus reiner weiblicher Schwachheit; angedeutet wird, daß auch Antigone ein Recht verletzt. Die fortschreitende Vereinsamung Antigones beginnt.

59 Der νόμος ist politisch: staatliche Verfassung, Recht der Anordnung und Weisung des rechtmäßigen Herrschers.

60 κράτος: zunächst nicht die ausgespielte Macht, sondern das Recht, zu befehlen und Gehorsam zu erwarten.

65 ff. Ismene anerkennt rückhaltlos die Verpflichtung gegenüber den Göttern. Ihre Reaktion ist Verurteilung des Unmöglichen, Vermessenen, die bis zur Bewunderung sich umkehrt.

74 ff. Antigone schiebt den Anspruch des κράτος beiseite. Das ironische Oxymoron ὅσια πανουργήσασα beinhaltet zwar die staatsbürgerliche Verpflichtung, aber so überspitzt ironisch, daß das πανουργεῖν bedeutungslos wird und nach öffentlicher Anerkennung verlangt.

84 ff. Durch das schroffe Zurückweisen der Geheimhaltung versucht Antigone, die Anerkennung der ungeschriebenen göttlichen Gesetze zu gewinnen.

86 ff. Der Weg führt von der verbindenden Nähe des Anfangs (V.1) zur trennenden Ferne: Ismene steht zwischen Antigone (Umgehen des Befehls bedeutet höchstes göttliches Handeln, verstößt aber gegen politische Rechtmäßigkeit) *und* Kreon (sein Edikt ist materiell gottlos, es macht ihn schuldig, weil er den Inhalt kennt); sie betritt nicht den tragischen Raum, in dem die Entscheidungen fallen.

112 *Anmerkungen*

Parodos (Einzugslied)

Das erste Strophenpaar (100–109 = 117–126) besteht aus Glykoneen (Grundmuster: _ ∪ _ ∪ ∪ _ ∪ _) oder glykoneenartigen Versen mit einem Pherekrateus (eine Silbe kürzer als der Glykoneus) als Nachtakt: Vierheber plus Dreiheber. Nach Strophe und Gegenstrophe folgen jeweils Anapäste (110–116 Marschanapäste: ∪ ∪ _), das für die Parodos typische Metrum.

Das zweite Strophenpaar (134–140, 148–154) – wieder folgen auf Strophe und Gegenstrophe Anapäste – ist metrisch zweiteilig. Es beginnt mit zwei sogenannten äolischen Reihen (_ ∪ ∪ _ ∪ ∪ _ ∪ ∪ _ ∪ _); es folgen wieder Glykoneen und eine trochäische Dipodie. Der Ausklang erfolgt in einer äolischen Reihe (drei Choriamben _ ∪ ∪ _) plus Adoneus (_ ∪ ∪ _ _). Ein weiterer Adoneus beschließt die Strophe. Der erste Teil der Strophen wirkt wie vom Schnellen zum Langsamen, der zweite umgekehrt.

100 ff. Feierlicher Aufruf zur Siegesfeier bei Sonnenaufgang: es entsteht ein scharfer Kontrast zur düsteren Atmosphäre des Prologs. Die Thebaner sind über die neue Entwicklung noch nicht informiert.
101 Theben hat sieben Tore.
104 Dirke: Quelle bei Theben; signifikant für die Stadt.
106 f. Gemeint ist Adrast, der Schwiegervater des Polyneikes (und sein Heer), die aus Argos kamen.
110 ff. Polyneikes ist der schuldige Angreifer: Die Choreuten stellen den Schrecken des Krieges dar. Das Bild des Adlers mit den weißen Schwingen bezeichnet die Größe der Gefahr.
123 »Hephaistos« als Metonymie für »Feuer«.
126 Drachen: Reminiszenz an die Drachenzähne, die Kadmos, der Gründer Thebens, gesät hatte.
127 Zeus hat die Flucht bewirkt, die Stadt weiß sich in göttlichem Schutz.
131 f. Gemeint ist der Argiverfürst Kapaneus, der bereits die Mauern der Stadt bestiegen hatte und ausrief, nicht einmal der Blitz des Zeus werde ihn vertreiben.
139 Ares spielte die Rolle des Helfers, während Zeus die Entscheidung brachte.
144 ff. Die Brüder werden »schrecklich« genannt, weil sie gegeneinander kämpften: Verhängnisvolle Verquickung von Schuld und

Schicksal als Ausnahmefall, gerechte Verteidiger siegen gegen
frevelhafte Angreifer. In den Augen des Chores stellt der Tod die
Brüder gleich; die Konsequenz unterschiedlicher Behandlung ergibt sich für die Thebaner nicht.

148 ff. Frohlocken der Siegesgöttin und Aufruf zum Fest, Thebens
Schutzgott Bakchos soll den Reigen leiten und sich mit seiner
Stadt gegenüber anderen Göttern identifizieren. Das Freudenfest
erscheint ungetrübt.

155 ff. Der Preis auf die Würde des Amtes enthält einen tragisch-
ironischen Hinweis, was dem neuen Herrscher bevorsteht. Kreon
hat die Bürgerschaft einberufen, die in eine eigentümliche Zwi-
schenstellung geraten muß, wenn sie mit dem Edikt des Herrschers konfrontiert wird, von dem sie jetzt noch keine Ahnung
hat.

Erstes Epeisodion (Erster Auftritt)

Kreons Staatsrede

162 f. Bild vom Staatsschiff, das sinkt.
165 ff. Die Alten wurden gerufen, weil ihre gehorsame Loyalität
gegenüber jedem Herrscherhaus vorausgesetzt wird.
173 Kreon ist der neue legitime Machthaber.
175 ff. Er formuliert allgemeine politische Grundsätze.
176 f. Eine Gnome des Bias, eines der sieben Weisen.
182 f. Patriotismus als Kriterium der Anerkennung.
184–210 Das Edikt wird zum Prüfstein für die politische Gesinnung
des Chores. Die Rede enthält keine Phrasen, sondern Grundsätze,
die unter bestimmten Umständen richtig sein können, für die
gegebene Situation aber schon in sich fragwürdig sind. Mit stren-
gen Kategorien sucht Kreon seine Position zu fixieren.
211 ff. Das Treuebekenntnis des Chores ist distanziert, die Choreuten halten eine Übertretung des Ediktes für gänzlich unmöglich.
215 Kreon ist enttäuscht über die fehlende Entschiedenheit der
Thebaner: In der folgenden Stichomythie wirkt er lauernd, der
Chor gibt sich unbefangen. Noch ehe die Tat – zum Zeitpunkt der
Rede ist das Edikt schon übertreten – bekannt wird, ist die Täterin
schon verurteilt.
219 ff. Kreon entwickelt Verdacht, weil latenter Widerstand unver-
kennbar ist.

Wächterszene

223 ff. Die Gestalt des Wächters ist in den Bereich des Komischen gerückt, und an keiner Stelle zeigt sich deutlicher der Komplex »Tragödie – Komödie« in seinen möglichen Auswirkungen und Gestaltungsformen (am Ende des platonischen Symposion verlangt Sokrates, daß Tragödie und Komödie von dem gleichen Dichter geschrieben werden müßten). Vgl. dazu W. Jens, *Sophokles und Brecht*, München 1978, S. 427 f. (ein als Talk-Show gestalteter Dialog): »Sophokles: Oder meint ihr vielleicht, es sei nicht gelacht worden, wenn eine Tragödie aufgeführt wurde, wenn der Wächter, mit seinen närrischen Witzen, den König in die Enge trieb! Wenn der Prolet über den großen Hans triumphierte! Was meint ihr, wie das Volk gejohlt hat, als der Wächter dem Tyrannen zeigte, was ein Wortspiel ist« (s. V. 323). Der Wächter gehört zu der Welt, die Antigone feindlich gegenübersteht, und er bildet die unterste Stufe einer abgestuften Verständnislosigkeit in der Trias »Ismene – Chor – Wächter«. Die sich krümmende und windende Figur hat kein Verhältnis zu politischen und menschlichen Problemen, sie kontrastiert scharf zu Kreon (so erscheint der Mächtige von unten) und zu Antigone mit ihrem selbstverantworteten Schicksal. Jammernd beschreibt er sein Kommen, beleuchtet seine Lebenssphäre.

245 ff. Das groß angekündigte Edikt ist übertreten, an der Realität gescheitert.

249 ff. Die Meldung beschreibt die Wirkung auf den Boten, das Geschehen am Tatort entzieht sich seinem Begreifen.

Reaktion

277 ff. Den ersten Kommentar gibt der Chor: die Tat als »Gotteswille«, ein Hinweis auf konventionelle Theologie, die das gottgetriebene Tun einer starken Natur nicht kennt.

280 ff. Kreon trägt im Zorn *seine* theologische Auffassung vor: Die Götter wirken nach dem Schema »Freund – Feind« ein. Eine andere Auffassung ist ihm nicht möglich. Daraus erwächst die Bezichtigung zu dem κέρδος, dem Gewinnstreben.

302 ff. Die Begrenztheit von Kreons Vorstellungen zeigt die nochmalige Anführung der verderblichen Wirkung des Geldes; die Sentenzen passen nicht in die Situation.

Anmerkungen 115

315 ff. Der Chor redet nicht mehr, um so mehr der Wächter, der mit seinen Fragen das letzte Wort behält.
319 Die witzige Aussage enthält einen tiefen Sinn: Wer trifft Kreon eigentlich?
323 Wortspiel mit δοκεῖν, das auch in δόξα (324) enthalten ist (s. Anm. zu 223 f.).
326 Die Würde des Herrschers wird durch den schleunigen Abgang gerade gewahrt.
327 ff. Mit der Komik des Wächterabganges kontrastiert das folgende Chorlied. Der primitive Melder hat unbegreifbare Größe (Antigone) und nicht vorausgesehenes Leid (Kreon) angedeutet.

Erstes Stasimon (Erstes Standlied)

Das erste Strophenpaar ist jeweils zweigeteilt (332–341 = 342–351): Die erste Versgruppe besteht aus vier Glykoneen plus Pherekrateus und abschließendem iambischem Metrum, die zweite beginnt und endet mit iambischem Maß, von zwei daktylischen Vierhebern eingerahmt.
Das zweite Strophenpaar (352–363 = 364–375) ist dreigeteilt:
1. Katalektische Enoplien (◡ _ ◡ ◡ _ ◡ ◡ _) plus Reihe mit Daktyloepitriten (◡ ◡ _ ◡ ◡ _ ◡ ◡ _ ◡ _ _).
2. Auf zwei iambische Dimeter folgt ein iambisch-trochäischer Monometer.
3. Auf vier iambo-trochäische Dimeter erfolgt ein Abschluß mit trochäischem Monometer.
376–383 Anapästisches System.

332 f. Die Thebaner besingen menschliche Größe, weil nur raffinierte Geschicklichkeit den schrecklichen Verstoß gegen das Gebot erklärlich macht. δεινός mit variierender Konnotation: »gewaltig, unheimlich – ungeheuer – bedrohlich – bedroht«.
332–341 Bezwingen der Elemente, bewußter Eingriff in die natürliche Ordnung.
338 Die Erde ist die Ernährerin aller Geschöpfe, selbst der Götter.
342–351 Domestikation: Der Mensch als Herr der Tierwelt.
352–363 Die prometheische Mythologie (elementare Lebenstechniken verdankt der Mensch dem Feuerdiebstahl) wird in eine Anthropologie transformiert: Sprache, Denken, Siedlung, Selbst-

116 Anmerkungen

schutz als Formen der Kommunikation und Sozialisation. Praxis der Kommunikation ist das Planen: Leben in der Gemeinschaft, Sicherung der Existenz. Absolute Grenze ist der Tod: bis dahin ist der Mensch zu allem fähig.

364–375 Das Wissen des Menschen kann über die Erwartung jedes Beurteilers gehen. Die Relativierung der menschlichen Errungenschaften steht in Verbindung mit der eigenen Entscheidung. Das Problem des rechten Verhaltens beginnt jenseits der praktischen Fertigkeiten, weil der Mensch in immer neuen Entscheidungen durch die δεινότης gefährdet ist. Der Chor denkt an den unbekannten Täter (Antigone hat die sittliche Grenze gar nicht überschritten), trifft aber Kreon.

Zweites Epeisodion (Zweiter Auftritt)

Durch den Auftritt von vier Personen enthält die Szene eine starke Bewegung: Kreon erfüllt die Funktion des Richters, d. h. Todesurteil für Antigone, Mitverurteilung Ismenes, Freispruch für den Wächter.

Die zweite Wächterszene

377 ff. Der Chor ist entsetzt: Die Täter sind keine Verschwörergruppe. Für ihn ist die Tat unbegreiflich, obwohl er gerade die δεινότης des Menschen besungen hat.

388 ff. Der Wächter wird zum extremen Gegenbild des Opfers: Triumphierender Stolz, roher Egoismus in seinen Worten, glückliche Lösung für ihn.

403 Kreon fragt nochmals nach, weil er wie der Chor fassungslos ist: Der Vorgang um die Leiche kommt aus einer anderen Richtung als gedacht, aus dem Bereich des Privaten.

421 νόσος, eigentlich »Krankheit« als Wüten der Götter, schon am Anfang der *Ilias*.

Kreon – Antigone

450 ff. Für Antigone gehören die ungeschriebenen, gültigen Gesetze in den Bereich des Todes. Sie regeln umfassend die göttliche Weltordnung und relativieren die Satzungen der Menschen. Die

Anmerkungen 117

göttlichem Gesetz obliegende Pflicht der Bestattung ist Aufgabe der Blutsverwandten. Antigones eigene Natur ist fest im Bereich der Familie verwurzelt. Sie will etwas ganz Schlichtes, ein Leben unter der Bedingung des Verbotes wäre unerträglich.

473 ff. Kreon spricht gnomisch von Hochmut und Fall. Er zeigt sich unfähig, von der Sache her eine Alternative zu sehen. An ihre Stelle setzt er eine starre Schematik mit der Konstellation »Herrscher – Beherrschte«. Die Vergleiche (Pferd, Stahl) fallen auf ihn selbst zurück.

487 Eigentlich: »als des Haus und Hof schirmenden Familiengottes Zeus«. Ζηνὸς ἑρκείου steht für das Gebiet seiner Wirksamkeit, der Familienverwandtschaft.

497 Antigones Überlegenheit liegt darin, daß sie sich über ihre Situation keine Illusionen macht, während Kreon nur von sich redet.

498 Mit der Vollstreckung des Todesurteils »hat er alles«.

507 ff. In der Stichomythie liegen nicht Rechte und Prinzipien im Kampf, hier trennen sich zwei Welten.

523 Der vielzitierte Vers verficht kein ethisches Prinzip, es handelt sich um den Streitpunkt des Gespräches, die Differenzierung des menschlichen Bereiches von dem des übergeordneten: Antigone ist Freund ihrer Brüder, eine Antwort auf den Satz Kreons, in dessen Freund-Feind-Schema es nicht paßt, daß eine Schwester ihre Brüder nicht nach politischen Gesinnungen bewertet (vgl. auch W. Jens, *Zur Antike*, München 1978, S. 420).

Der zweite Ismene-Auftritt

528 νεφέλη ὀφρύων: Bild für Tränenvergießen (νεφέλη = Regenwolke).

531 ff. Kreon hat für Ismene nur Vorwürfe.

536 Ismene (sie hat in dieser Szene keine Rhesis wie die anderen) zeigt das Ausmaß ihrer Wandlung: sie sucht die Gemeinsamkeit des Unglücks. Antigone bleibt hart, besteht auf Distanz, betont die Gegensätze.

561 f. Die Richtung der Auseinandersetzung kommt für Kreon unerwartet, er bescheinigt »beiden« Unverstand.

568 Ismene lenkt auf einen anderen Aspekt, den der Verbindung Antigone – Haimon. Sie sucht dort etwas zu retten, wo nichts zu retten ist, weil Kreon Ismenes Ansinnen rücksichtslos zurückweist.

118 *Anmerkungen*

Alle Akteure haben Konturen bekommen: Kreon zeigt Schwäche, Antigone Überlegenheit, Ismene Unsicherheit; der Wächter triumphiert.

Zweites Stasimon (Zweites Standlied)

Die erste Strophe mit der Gegenstrophe (583–592 = 594 bis 603) besteht aus drei daktylo-epitritischen Versen ($\_ \_ \cup \cup \_ \cup \cup \_ \cup \_ \cup \_ \triangledown$, der erste mit Auftakt) und zwei iambischen Systemen mit Wechsel: Zwei Dimeter plus ein Trimeter, zwei Dimeter plus ein Tetrameter. Die zweite Strophe (604–614 = 615–625) und die Gegenstrophe beginnen mit zwei Glykoneen (605 und 615, um eine Silbe verlängert), es folgen Choriamben mit Ionikern ($\triangledown \_ \cup \triangledown$) und Jamben vermischt.

Im Unterschied zum ersten Stasimon kennen die alten Thebaner jetzt den Täter. Für sie ist Antigone schuldig, sie werden zu einer Verurteilung herausgefordert.

583 Die Freiheit von Unheil ist ein Gottesgeschenk.
583–603 Bei dem Unheil, das über dem Haus der Labdakiden liegt (Labdakos ist der Ahnherr des Hauses, Vater des Laios; dessen Sohn war Ödipus), handelt es sich um den aischyleischen Begriff des Geschlechtsfluches. Aktuell vollziehen sich Schuld und Schicksal, Fortsetzung eines alten Frevels aus der Tiefe der Zeit. Antigone gilt als Opfer dieses Fluches. Dies ist die distanzierteste Form einer Stellungnahme zu dem Todesurteil, das Kreon ausgesprochen hat: *er* muß den Erbfluch erfüllen.
604–625 Hier geht es um das Unheil, das aus dem Verhalten einzelner Menschen erwächst. Der Mensch sucht sich zum Herrn über die in Kraft befindliche Ordnung des Zeus zu machen.
In der zweiten Gegenstrophe geht die Betrachtung auf den Fall des in Verblendung befangenen Menschen über: Göttliche Macht kündigt sich an gegen menschliches Sich-Verrennen.

Der Chor gibt ein Urteil in Kategorien ab, die auf die konkrete Situation nicht anwendbar sind. Hintergründig heißt dies, daß dem Menschen das eigene Unglück als etwas Gutes erscheinen kann, selbst wenn der Gott zu einem den Tod bringenden Handeln führt. Refrainartig stehen jeweils am Schluß des zweiten Strophenpaares Andeutungen für bald eintreffendes Unheil. Dies zielt auf große

Anmerkungen 119

dramatische Wirkung (der Chor ist also Akteur), wenn man berücksichtigt, daß sich Kreon auf der Bühne befindet.

Drittes Epeisodion (Dritter Auftritt)

Vater steht gegen Sohn in dialektischem Streit um Recht und Unrecht des Urteils, um Schuld oder Nichtschuld Antigones.

632 f. Haimon ist leidenschaftlich erregt.
635 »Vater, dein bin ich« mit dem Hintersinn »von dir hängt mein Los ab, ich gehöre zu dir, mein Freitod würde dich schwer treffen«.
639–647 Haimon wird in das Freund-Feind-Schema gepreßt, um das rechte Verhältnis zwischen Vater und Sohn zu beleuchten.
648–654 Haimon soll Antigone aufgeben.
650 Die »frostige Umarmung« deutet auf die Kälte des Todes.
655–660 Kreon disqualifiziert sich durch sein Verhalten gegen die Angehörigen.
661–676 Reflexion über den guten Bürger, Lob der Peitharchie, des Gehorsams, der Disziplin auferlegt.
677–680 Nutzanwendung der vorausgehenden Gedanken: Preisgabe politischer Macht an eine Frau ist schlimmer als an einen Mann. Der Begriff des Gehorsams geht wie ein roter Faden durch die Kreonrhesis. Auf Haimon (eigenes Haus) und Antigone (Polis) wird dieselbe Maxime angewandt.
683–723 Haimon sucht sich diplomatisch abzuschirmen, er will den Konsens. Sein Gedankengang knüpft sich an die Begriffe Vernunft und Lernen (im Sinne von Einsicht), weil er meint, Kreons falsche Argumentation beruhe auf dem Nichtwissen einer Tatsache, nämlich wie das Volk votiert.
724 f. Der Chor konzediert, daß Haimon vernünftig gesprochen habe.
727 ff. Dialogische Auseinandersetzung:
Kreons unsachlicher Hinweis auf sein Alter
– Haimons Verwahren, daß er Ehrfurcht vor dem Schlechten gefordert habe
Anspruch auf uneingeschränktes Befehlen
– kritischer Hinweis auf das Recht des Volkes
Vorwurf, Haimon stehe auf der Seite eines Weibes
– Sich-Wehren gegen die Verkennung des Motivs.

Anmerkungen

745 Das Herrscheramt ist nicht vereinbar mit dem Zertreten der den Göttern schuldigen Ehrung: Anrühren der Grenzen politischer Autorität – Gedanke vom Vorrang des Weibes.
750 Rohe Anspielung auf die Hinrichtung als Höhepunkt des Streites (bei der Umstellung der Verse folgen wir Karl Reinhardt).
751 Andeutung des Selbstmordes.
760 Androhung der Hinrichtung vor den Augen des Bräutigams als Ausdruck von Jähzorn.
768 ff. Kreon trifft zwei Entscheidungen: Ismene wird die Hinrichtung erspart, Antigone soll in einem Felsenschacht, einer Art Grabkammer, zu Tode kommen. Man könnte an eine in einen Berghang gehauene Gruft in der Art mykenischer Kuppelgräber denken.
775 Den Eingemauerten gab man etwas Nahrung mit, um den Anschein zu vermeiden, als müßten sie Hungers sterben.

Kreon gerät von der bisherigen Stufe des Nicht-Sehen-Könnens auf die des Nicht-Sehen-Wollens.

Drittes Stasimon (Drittes Standlied)

Das Lied besteht aus nur einem Strophenpaar (wobei jede Strophe zweigeteilt ist), dem ein anapästisches System folgt. Je zwei Verse enthalten eine bestimmte metrische Struktur, die vier ersten bilden eine Einheit.
1. Teil: 781/782: Choriambische Dimeter
        783/784: Glykoneen
2. Teil: 785–790 (785/786; 787/788; 789/790): Ioniker mit Choriamben.
Strophe: Allgemeiner Hymnus auf Eros.
Gegenstrophe: Betonen seiner Allmacht = Preis der Allmacht des Gottes.

Die Thebaner geben ein Urteil über Haimon ab: Nur die Liebe hat den jungen Mann auf die moralisch falsche Seite getrieben. Mit dem Tadel gibt der Chor eine Bewertung ab, die aus einem Mißverständnis des Rededuells entsteht. Das wahre Recht, das für Haimon relevant ist, wird verkannt. Er unterliegt der Macht des Eros nur insofern, als er Antigones Verlobter ist.

Anmerkungen 121

Das Lied ist darauf angelegt, den Schauder vor göttlicher Macht zu erregen, durch die ein Mensch zum Spielball wird. Dabei ist der Blick des Chores notwendig begrenzt, da er aus der Augenblickssituation spricht.

Viertes Epeisodion (Vierter Auftritt)

Kommos

Der Kommos, ein Wechselgesang zwischen Schauspieler und Chor, bedeutet Klagegesang (κόπτειν = sich bei der Klage an die Brust schlagen).
Die beiden Strophenpaare (806–816 = 823–833, der Chor antwortet jeweils in Anapästen: 817–822 = 834–838), weisen folgendes metrisches Schema auf:

1. Strophenpaar:

806 ∪ _ ∪ _ | _ ∪ ∪ _ | ∪ _ _   3 Jamben
     _ ∪ ∪ _ ∪ _   Dochmius
     _ ⌣ _ ∪ ∪ _ ∪ _ ⎫
     _ _ _ ∪ ∪ _ ∪ _ ⎬ Glykoneen
810 _ ∪ _ ∪ _ ∪ ∪ _ ⎪
     _ ⌣ _ _ ∪ ∪ _ ⎭
     _ ∪ ∪ _ ∪   Adoneus
     _ _ _ ∪ ∪ _ _   Pherekrateus
     _ _ ∪ _ ∪ ∪ _ _ _   Glykoneen mit Vorsilbe
     _ ∪ ∪ _ ∪   Adoneus
     _ _ ∪ _ ∪ ∪ _ _ _   Glykoneus mit spondeischer
                              Klausel

2. Strophenpaar:

839 ⌣ _ ∪ _ | _ ∪ ∪ _ | ∪ _ ∪ _   3 iambische Metra
     _ ⌣ _ ∪ ∪ _ ∪ _   Glykoneus
     _ _ ∪ ∪ _ _   Metrum Reizianum
     _ ∪ ∪ _ ∪ _   Dochmius
     ⌣ _ _ ∪ ∪ _ _   Pherekrateus (mit iambischer Basis)
844 f. ∪ _ _ ⌣ _ | _ _ _ _ _ _ | _ ∪ _ ∪ _ | 3 Dochmien
     _ ⌣ _ ∪ ∪ _ ∪ _ _ _   Glykoneus mit spondeischer
                                Klausel

122 Anmerkungen

        ⏑ _ ⏑ _ | ⏑ _ ⏑ _ | _ ⏑ _   Trimeter (vorletzte Kürze fehlt)

        ⏑ _ ⏑ _ | ⏑ _ ⏑ _ | ⏑ _ ⏑ _ | ⏑ _ ⏑ _   4 iambische Metra

850 ⏑ _ _ _ _ _   Dochmius

     _ _ ⏑ _ ⏑ _ _ ⏑ _ _ ?   Gegenstrophe:

     ⏑ _ _ ⏑ ⏑ _ ⏑ _ _ :   Glykoneus, um eine Silbe verlängert

     ⏑ _ ⏑ _ _ ⏑ _ ⏑ _ _   3 iambische Metra

Der Chor antwortet in iambischem Rhythmus (853–856 und 872–875: drei Dimeter plus ein Trimeter). Der Kommos wird von einer Epodos abgeschlossen: Iambisch-trochäische Verse umrahmen Daktylen; 929 ff. Anapäste mit Jamben plus Choriamben.

806 ff. Antigone wird von Sklaven auf die Bühne geführt, welche die Speisen zur Entsühnung der Stadt tragen. Später (883) kommt Kreon mit großem Gefolge. Das Mädchen steht allen allein gegenüber. Antigone nimmt von den Vertretern des ganzen Volkes, dem Chor, Abschied. Im Zentrum steht die Selbstdarstellung der Leidenden, die sich in der Analyse ihres Leidens erschöpft.

813 ὁ ὑμέναιος, Hochzeitslied beim Brautzug.

814 τὰ νυμφεῖα, Brautgesang vor dem Hochzeitsgemach.

821 f. Antigone wirbt um ein letztes Wort der Anerkennung, der Chor gibt einen nichtssagenden Zuspruch, er versteht sich nicht zu einer Billigung der Tat. Αὐτονόμος (dir selbst Gesetz) bedeutet zwar Versagung der Anerkennung, heißt aber auf der anderen Seite, daß Antigone als einzige das Recht erkannt hat.

823 ff. Die Bürgervertretung weicht in den Ruhm ihres ungewöhnlichen Todes aus, den sie mit der mythischen Gestalt der Niobe gemeinsam habe (Sterbenmüssen aus Schuld gegen die Götter). Diese Enkelin des Zeus und Tochter des Tantalos kam nach Theben und wurde Gattin des Königs Amphion. Wegen Schmähung der Leto töteten Apollon und Artemis ihre vierzehn Kinder; sie wurde in einen Fels verwandelt und von einem Sturm in ihre asiatische Heimat gebracht, deshalb ξένα.

827 πετραία βλάστα, das Gestein wächst um Niobe wie rankender Efeu und schließt sie immer mehr ein.

840 Die Nichtanerkennung durch die Bürgerrepräsentanten empfindet das Mädchen als beleidigend, sie fühlt sich verlacht, gedemütigt, mißverstanden.

Anmerkungen 123

847 f. Frage nach dem gültigen Recht der Verurteilung.
855 Die Antwort ist enttäuschend, mildert aber die Frage nach der Schuld, die schicksalhaft auferlegt sein kann: Wie ein scheiterndes Schiff ist sie an einem Riff zerschellt.
857 ff. Die Tochter beklagt das Ausnahmegeschick der Eltern, die ebenfalls schuldlos leiden mußten.
860 ff. Unsichere Verszählung.
870 Die Ehe des Polyneikes mit der Tochter des Adrast brachte Unglück; sie ermöglichte den Zug der »Sieben gegen Theben«.
872 Hier liegt eine Art Anerkennung vor, die aber durch 873 f. stark eingeschränkt wird.
876 ff. Antigone stößt auf totales Unverständnis; sie ist bar jeglicher Illusion.
887 Kreon tritt brutal und schroff auf, er drängt zur Exekution.
891 ff. Im Abschiedsmonolog spricht Antigone aus, warum sie so handeln mußte und was sie im Hades zu erwarten hat. Mit dem Mädchen ist eine Veränderung vorgegangen: Inhalt und Konsequenzen ihres großen Entschlusses erfahren eine Konfrontation mit der Realität. Last und Not des Augenblicks erdrücken sie, trotz der Gewißheit, das Rechte getan zu haben.
905 Das Zentrum des Monologes enthält den merkwürdigen Nomos von der Priorität der Bruderliebe, der seit Goethe (*Gespräche mit Eckermann*, 28. März 1827) sowohl textkritisch (Athetese) als inhaltlich umstritten ist. Das Gebot der Götter und die Stimme der Natur des Mädchens sind ein und dasselbe, der ganze Komplex bildet eine Einheit: der Vorrang der Bruderliebe ist Erfahrung aus ältester Zeit, ebenso wie die Austauschbarkeit von Kind und Gatte.
922 ff. Der Chor zögert, wirkt fast besorgt, doch Kreon drängt. Der Strukturzusammenhang des Epeisodions ist darauf angelegt, mit allen Mitteln Antigone der zunehmenden Isolierung zuzutreiben. Doch so allein, wie sie sich glaubt, ist sie nicht.

Viertes Stasimon (Viertes Standlied)

Metrik:
Den größten Raum im ersten Strophenpaar (944–953 = 955–965) nehmen asklepiadeische ($- - - \cup \cup - - \cup \cup - -$) Verse in Anspruch (947 = Adoneus [$- \cup \cup - -$]; 948 bleibt unbestimmbar), den Abschluß bilden Jamben.

124 *Anmerkungen*

Das zweite Strophenpaar (968–976 = 979–987) enthält folgende Struktur:
  daktylische Verse
  Asklepiadeen
  jambische Trimeter

943 ff. Antigone wird von der Bühne weggeführt, der Chor singt ihr den Grabgesang. Er ordnet ihr Los vergleichbaren mythischen Exempla zu, die von der Einkerkerung von Menschen mit königlicher Abkunft handeln. Die Thebaner suchen eine Interpretation der Ereignisse, um eine Art von Verständnis zu erzeugen. Im Grunde handelt es sich nicht um Parallelfälle, es ergeben sich Berührungspunkte: Verlust des Lichtes, hohe Abkunft der geschlagenen Person, unerbittliche Macht der Moira gegenüber den Betroffenen.
944 Danae wurde von ihrem Vater Akrisios, dem König von Argos, in ein mit Erz ausgestattetes Gefängnis gesperrt, weil geweissagt worden war, daß ein Enkel den Herrscher töten würde. Zeus drang in der Gestalt eines Goldregens zu ihr, und sie gebar den Perseus.
952 Ares hier als Metonymie.
955 Sohn des Dryas: Lykurg, König der thrakischen Edoner, schmähte Dionysos und verjagte die feiernden Bakchantinnen; er wurde auf Befehl des Gottes an einen Berg angeschmiedet.
964 εὐοῖ ist der Ruf der Bakchosanhänger.
965 Der αὐλός, die Flöte, wurde beim Dionysoskult benutzt. Die Musen stehen in Thrakien mit diesem Kult in Verbindung, weil sie den Gott einmal auf der Flucht aufnahmen.
966 ff. Der Text ist sehr verderbt. – Sophokles deutet offenbar die Sage nur an, erzählt sie nicht ausführlich, was nur eine sinngemäße Fixierung des Textes erlaubt. – Es handelt sich um Kleopatra, die Enkelin des attischen Königs Erechtheus. Sie war die Gattin des Phineus, des Herrschers von Salmydessos, einer Stadt am Pontos Euxeinos, dem sie zwei Söhne gebar. Später wurde sie verstoßen und kam ins Gefängnis. Die Stiefmutter blendete die Söhne und warf sie in eine Art Grab.
966 Die »schwarzblauen Felsen« sind die Symplegaden (Medea-Sage).
971 Söhne des Phineus und der Kleopatra.
985 Als Tochter des Windgottes Boreas heißt Kleopatra »Boreade«.
986 Der Dichter schildert die Jugend des »Götterkindes«, eine

Anmerkungen 125

tragisch-ironische Anspielung auf das wahre Götterkind. – Kreon ist während des Liedes auf der Bühne geblieben: Der Chor malt ihm mit den Paradigmen sein Schicksal aus, das im nächsten Epeisodion seinen Lauf nimmt: So sind z. B. die Kleopatrasöhne schuldlose Opfer wie – Haimon. – Antigone ist abgeführt worden.

Fünftes Epeisodion (Fünfter Auftritt)

988 Ohne Ankündigung, aber mit großem Bühneneffekt tritt Teiresias auf: die körperliche Erscheinung des Blinden, das Geführtwerden sprechen für sich.

991 ff. Der kurze, stichomythische Wortwechsel erinnert daran, daß Kreon schon einmal den Rat des Sehers zum Nutzen befolgt hat.

998 ff. Teiresias verkörpert Wahrheit und Wissen. Äußerer Grund sind die anomalen Symptome, an denen die Stadt krankt. – Der Aufbau der Seherrede enthält Diagnose mit der möglichen Therapie: Die Verfolgung eines Menschen über den Tod hinaus gilt als verfehlte Handlungsweise gegenüber einem Bereich, für den relative, von Menschen gesetzte Normen keine Geltung haben.

1012 f. Die seherische Funktion versagt gegenüber Kreon, weil er der Warnung nicht glauben wird; der kultische Dienst, der sich im Wissen des Sehers manifestiert, bleibt unverständlich.

1033 ff. Der schroffe Eigensinn Kreons verhärtet sich, er glaubt an eine erweiterte Front politischer Gegner: Antigone, Haimon, Teiresias.

1038 Hellgold = Weißgold, Gold mit einem Zusatz von Silber; Fundstätte: Sardes.

1040 f. Kreon überbietet die Besudelung der Altäre.

1048–63 Die Gegensätze, die in der Stichomythie zutage treten, ermöglichen keine sinnvolle Lösung mehr.

1064 ff. In verhüllter Orakelsprache verkündet Teiresias das unvermeidliche Unglück, den Tod Haimons. Prophetisch und verschleiert wird die Frist genannt, in der das Verhängnis eintreten wird, nachdem der Seher Kreons Verdächtigungen zurückgewiesen hat.

1091 ff. Kreon und der Chor geben sich der Hoffnung hin, daß eine Rettung noch möglich ist.

1098 Kreons Sicherheit beginnt zu wanken, bis er nachgibt. Er befindet sich weiterhin in der Welt des Scheins, die von Teiresias verkündete Verurteilung durch die Götter hat bereits stattgefunden. Das Nachgeben ist kein Ausdruck wahrer Einsicht, sondern der Beginn des Sturzes. Eine Lösung der Verwicklung ist nur durch die Katastrophe möglich.

Fünftes Stasimon (Fünftes Standlied)

Die metrische Erklärung dieses Standliedes bereitet für die herkömmliche Aufteilung große Schwierigkeiten. Aufs Ganze gesehen sind im ersten Strophenpaar bekannte Grundtypen und -muster erkennbar bzw. Abwandlungen von solchen. Dem Beginn (Strophe 1: 1115–25 = Gegenstrophe 1: 1126–36) mit einer sogenannten langen äolischen Reihe folgen ein abgewandelter Glykoneus, Verse entsprechend einem jambischen Dimeter, die in Ioniker ausklingen (~ jambischer Trimeter), die letzten vier Verse sind Dimetern gleichwertig (Glykoneus, Pherekrateus, abgewandelter Glykoneus, jambischer Dimeter). Das zweite Strophenpaar (1137–45 = 1146–52) beginnt mit zwei jambischen Dimetern, die einen Pherekrateus mit Vorsilbe einrahmen. Zwei sehr frei gehaltenen Glykoneen folgt der Abschluß mit zwei äolischen Reihen. Es liegen praktisch sieben Abwandlungen des glykoneischen Grundmusters vor.
Der Chor bittet Dionysos um Hilfe, der enge Beziehungen zu Theben hat.

1115 Die Macht des Gottes wird durch viele Namen ausgedrückt, sie können Leben und Tod bedeuten. – Die kadmeische Nymphe ist Semele, Mutter des Bakchos, deren Stolz der göttliche Sohn ist.
1119 Italien, oft genannt, weil Athen eine Kolonie nach Thurii geschickt hatte, ist außerdem eine alte Kultstätte des Bakchos.
1121 Deo = Demeter.
1124 Der Fluß Ismenos floß durch Theben.
1125 Aus den Zähnen des von Kadmos erlegten Drachen sollen die Stammväter Thebens erwachsen sein.
1126 ff. Auf dem Berg Parnaß in der Landschaft Phokis entspringt die Quelle Kastalia, in deren Nähe bei der Wintersonnenwende die Bakchantinnen ein nächtliches Fest feierten.
1128 Unterhalb des Parnaßgipfels liegt eine Tropfsteinhöhle, Wohnung der korykischen Nymphen.

Anmerkungen 127

1129 Fällt metrisch aus dem Rahmen der Strophe
(_ _ _ _ ∪ _ ∪ _ statt wie 1117: ∪ _ ∪ _ ∪ _ ∪ _).
1131 Orte mit dem Namen Nysa waren zahlreich, in allen wurde Bakchos verehrt; hier Nysa auf Euböa.
1139 Semele hatte gewünscht, daß Zeus ihr in seiner Herrlichkeit erscheine. Der Gott kam der Bitte nach, tötete sie aber mit einem Blitz (vgl. 1115 f.).
1145 Mit der Meerenge ist der Euripos zwischen Euböa und dem Festland gemeint.
1146 Die Gestirne werden wie lebende Wesen vorgestellt, die am Fackelreigen teilnehmen. – Der Chor hat sich in einen Freudentaumel begeben und hält alle Probleme für gelöst. Die Macht des Gottes ist aber ambivalent (s. 1115): Das Rasen gilt für Leben und Tod.

Exodos (Schlußszene)

Die dramatische Funktion der Szene mit dem Ecce-Schluß liegt im Kontrast zum Weggang Antigones. In diesem Gegensatz liegt die Dialektik des Stückes.

1155 Die Thebaner sind die Nachbarn der Burg Kadmea.
1155–71 Ohne Ankündigung des Auftrittes übermittelt der Bote die Katastrophe der Öffentlichkeit. Seine Reflexionen gehen um die Wandelbarkeit des menschlichen Glücks, die Unberechenbarkeit der Tyche, die Schuld Kreons, um moralische Kritik und die Selbstherrlichkeit der Macht.
1172 ff. Die Stichomythie bringt die sachliche Information über das Geschehen um Haimon.
1183–91 Durch den kurzen Auftritt Eurydikes kommt das Ausmaß der Katastrophe stufenweise zutage. Es wird die Grenze gezeigt, jenseits derer es sich nicht mehr zu leben lohnt. Eurydike hat keinen Anteil am Geschehen, aber als die am schwersten Getroffene wird sie vom Boten angeredet.
1192–1243 Die zweite Botenrhesis bringt die Detailinformationen über die Vorgänge in der Grabkammer. Das Bild davon am Ende des Berichtes ist verbunden mit der moralischen Mahnung, sich jeglicher Unvernunft zu enthalten.
1199 Die Göttin der Wege ist Hekate (Unterweltsgöttin, oft mit drei Leibern dargestellt); sie wird an Gräbern und Dreiwegen verehrt und oft mit Persephone gleichgestellt.

128 Anmerkungen

1201 f. Bei Leichenverbrennungen wurden meist Olivenzweige als Unterlage benutzt.

1203 Der Tote wird in *Heimaterde* bestattet.

1244 ff. Die Erklärung des Boten über Eurydikes Abgang mit Hinweis auf die Lebenserfahrung ist harmlos, während der Chor vor möglichem Unheil warnt.

1249 Für die Klage hatte die Mutter zu sorgen, s. Hekabe bei Hektors Tod (*Ilias* 22,430).

Kommos (Klagelied)

Vier anapästische Dimeter kündigen Kreons Auftritt mit der Leiche des Sohnes an.
Das Metrum wird Ausdruck der leidenschaftlichen Erregung. Es dominiert das Grundmuster des Dochmius, unterbrochen von iambischen Trimetern in den beiden ersten Strophen. Auch das zweite Strophenpaar enthält dochmische Verse, von jambischen Trimetern abgelöst. Das Ganze schließt mit Anapästen.

1348 ff. Der Chor zeigt in Schlußanapästen den Ecce-Ausgang.

1261 ff. Mit Kreons Auftritt beginnt das Klagen eines Menschen, dem nur noch Klagen geblieben ist. Zu spät ist die Erkenntnis der Folgen von Kreons Verhalten gekommen. Der Chor enthält sich jeder Selbstkritik und verweist auf die Götter.

1278 ff. Die Verkündung von Eurydikes Freitod bringt eine nicht mehr zu überbietende Eskalation, die Katastrophe wird verdoppelt (optisch: eine verdeckte Bahre mit Eurydikes Leiche wird gezeigt, bühnentechnisch durch Verwendung des Rollenapparates, des Enkyklemma).

1303 Das Schicksal des Megareus ist ruhmvoll, weil er sich für die Stadt geopfert hat.

1306 ff. Antigones Geschick ist Folie für Kreon, das Mädchen mußte sterben, der König muß weiterleben. Beide klagen über ihr Los, das so gegensätzlich ist: der nahe Tod bzw. das weitere Leben.

1348 ff. Erst zum Schluß erfährt man aus dem Munde des Chores, woran Weisheit und verständiger Geist sich orientieren sollen: Das theologische Urteil des Dichters steht in den Worten des mitspielenden Chores.

Literaturhinweise

Der griechische Text der vorliegenden Ausgabe ist gestaltet nach der Edition von A. C. Pearson, Oxford 1924.

Übersetzungen

Sophokles: Antigone. Übers. und eingel. von K. Reinhardt. Hrsg. von C. Becker. Göttingen 61982.
Sophokles: Antigone. Hrsg. und übertr. von W. Schadewaldt. Frankfurt a. M. 1974.

Sekundärliteratur

Antigone – Theater der Jahrhunderte. Mit einem Vorw. von K. Kerényi. Wien/München ²1969.
Barié, P.: »Vieles Gewaltige lebt ...« Strukturale Analyse eines tragischen Chorliedes. In: Der Altsprachliche Unterricht 14,4 (1971) S. 5 ff.
Di Benedetto, V.: Sofocle. Florenz 1983.
Eberlein, E.: Über die verschiedenen Deutungen des tragischen Konfliktes in der Tragödie ›Antigone‹ des Sophokles. In: Gymnasium 68 (1961) S. 16 ff.
Diller, H.: Menschliches und göttliches Wissen bei Sophokles. Kiel 1950.
Firges, I.: Anouilhs »Antigone« – ein Exempel der Pathologie oder der Metaphysik? In: Die Neueren Sprachen 72,11 (1972) S. 595 ff.
Flashar, H.: Die medizinischen Grundlagen der Lehre von der Wirkung der Tragödie in der griechischen Poetik. In: Hermes 84 (1956) S. 12 ff.
– (Hrsg.): Tragödie: Idee und Transformation. Stuttgart/Leipzig 1997.
– Sophokles. Dichter im demokratischen Athen. München 2000.
– Das Griechische Wunder im Spiegel des Chorliedes »Vieles Gewaltige lebt ...« aus der Antigone des Sophokles und in der Deutung Heideggers. In: Gab es das Griechische Wunder? Hrsg. von D. Papenfuß [u. a.]. Mainz 2001. S. 417–429.
Fritz, K. von: Antike und moderne Tragödie. Berlin 1962.
Fuhrmann, M. (Hrsg.): Terror und Spiel. Probleme der Mythenrezeption. München 1971.
Georgiades, Th.: Musik und Rhythmus bei den Griechen. Hamburg 1958 [u. ö.].
Goth, J.: Sophokles' Antigone. Interpretationsversuche und Strukturuntersuchungen. Diss. Tübingen 1966.
Greve, G. (Hrsg.): Sophokles, Antigone. Tübingen 2002. [Aufsatzsammlung.]
Hamburger, K.: Von Sophokles bis Sartre. Stuttgart 1962.
Held, G. F.: Antigone's dual motivation for the double burial. In: Hermes 111 (1983) S. 190 ff.
Jäkel, W.: Die Exposition in der ›Antigone‹ des Sophokles. In: Gymnasium 68 (1961) S. 34 ff.

Literaturhinweise

Jens, W.: Antikes und modernes Drama. In: Eranion. Festschr. für H. Hommel. Tübingen 1961. S. 43 ff. Wiederabgedr. in W. J.: Statt einer Literaturgeschichte. Pfullingen ⁶1970. S. 81 ff.
– (Hrsg.): Die Bauformen der griechischen Tragödie. München 1971.
Lesky, A.: Die griechische Tragödie. Stuttgart 1968.
McDevitt, A. S.: The first Kommos of Sophokles' Antigone. In: Ramus 11 (1982) S. 134 ff.
Meier, Chr.: Die Entstehung des Politischen bei den Griechen. Frankfurt a. M. 1980. S. 154 ff.
– Die politische Kunst der griechischen Tragödie. München 1988.
Melchinger, S.: Sophokles. Velber ²1969.
Müller, G.: Überlegungen zum Chor der Antigone. In: Hermes 89 (1961) S. 398 ff.
– Sophokles: Antigone. Kommentar. Heidelberg 1967.
Patzer, H.: Die Anfänge der griechischen Tragödie. Wiesbaden 1962.
Patzer, H.: Hauptperson und tragischer Held in Sophokles' ›Antigone‹. Wiesbaden 1978.
Pohlenz, M.: Die griechische Tragödie. Göttingen ²1954.
– Furcht und Mitleid? In: Hermes 84 (1956) S. 49 ff.
Reinhard, K.: Sophokles. Frankfurt a. M. ³1947.
Rohdich, H.: Antigone. Beitrag zu einer Theorie des sophokleischen Helden. Heidelberg 1980.
Rösler, W.: Zweimal ›Antigone‹: griechische Tragödie und episches Theater. In: Der Deutschunterricht 6 (1979). S. 42 ff.
Schreckenberg, H.: Drama. Vom Werden der griechischen Tragödie aus dem Tanz. Würzburg 1960.
Schadewaldt, W.: Hellas und Hesperien. Bd. 1. Stuttgart/Zürich ²1970.
Schottlaender, R.: Trotz allem ein Deutscher. Freiburg i. Br. 1986.
Schwinge, E. R.: Die Rolle des Chors in der sophokleischen ›Antigone‹. In: Gymnasium 78 (1971) S. 294 ff.
Seeck, G. A.: Die griechische Tragödie. In: Neues Handbuch der Literaturwissenschaft. (Griech. Literatur.) Hrsg. von E. Vogt. Wiesbaden 1981.
– Die griechische Tragödie. Stuttgart 2000. (Reclams Universal-Bibliothek. 17621.)
Simon, E.: Das antike Theater. Heidelberg 1972.
Sophokles: Ödipus, Antigone. Deutsch von F. Hölderlin. Eingel. von W. Schadewaldt. Frankfurt a. M. 1957.
Sophokles. Hrsg. von H. Diller. Darmstadt 1967. (Wege der Forschung. 95.)
Steiner, G.: Antigone – auch morgen. Bamberg 1986.
– Die Antigonen. Geschichte und Gegenwart eines Mythos. München 1988.
Walther, L. / Hayo, M. (Hrsg.): Mythos Antigone. Texte von Sophokles bis Hochhuth. Leipzig 2004.
Winnington-Ingram, R. P.: Sophokles. An Interpretation. Cambridge / New York 1980.
Zink, N.: Griechische Ausdrucksweise für ›warm‹ und ›kalt‹ im seelischen Bereich. Heidelberg 1962. Bes. S. 9, 20 und 26.

Nachwort

Sophokles

Sophokles ist wahrscheinlich um 497/496 im attischen Kolonos geboren; er stammte aus einer vornehmen Familie. Sein Vater, ein reicher Fabrikbesitzer, ließ ihm eine vorzügliche Bildung zuteil werden, speziell in Musik, Tanz und Gymnastik. Als ganz junger Mann soll er nach der Schlacht von Salamis den Chor bei der Siegesfeier angeführt haben. Er beteiligte sich aktiv am politischen Leben Athens; dabei hatte er bedeutende Funktionen inne: 443/442 war er Hellenotamias (Bundesschatzmeister im attischen Seebund), 441–439 Stratege (zusammen mit Perikles), nach 413 Mitglied des Rates für die gesetzgebende Gewalt in Athen. Im Rahmen des Asklepios-Kultes übte er das Amt des Priesters des Heilheros Halon aus. Mit dem Geschichtsschreiber Herodot war er befreundet. Aus seiner Ehe mit einer gewissen Nikostrate ging Iophon hervor, der ebenfalls Tragödien geschrieben hat.

In der Aufführungspraxis der Tragödie hat Sophokles wichtige Änderungen eingeführt: Erhöhung der Zahl der Chormitglieder von 12 auf 15, Hinzufügung des dritten Schauspielers, wodurch eine intensivere Dramatisierung möglich wurde. Bei seiner ersten Aufführung 468 errang er den ersten von 18 Siegen. Von den insgesamt 123 Stücken sind sieben Tragödien erhalten: *Aias, Antigone, Trachinierinnen, Oidipus Tyrannos, Elektra, Philoktet, Oidipus auf Kolonos*. Seine Verehrung galt den großen Meistern der Tragödie des 5. Jahrhunderts v. Chr.: Aischylos und Euripides.

406/405 starb er in Athen. Nach seinem Tod wurde er heroisiert und als Heros »Dexion« verehrt.

Aspekte der Deutung

Nur wenige Dichtungen der Weltliteratur haben bis auf den heutigen Tag so verschiedenartige, oft voneinander abweichende Deutungen erfahren wie die *Antigone* des Sophokles[1]. Aus der Vielfalt der Deutungsversuche wählen wir die relevanten aus, konzentrieren uns auf die jüngere Vergangenheit, damit ein Bild des neuesten Forschungsstandes entsteht.

Die neuere Forschung setzt mit Karl Reinhardts Sophokles-Buch von 1933 ein. Sie erfährt Unterstützung von theologischer Seite. Durch tiefgreifende Interpretationen entstehen mögliche und akzeptable Deutungen, das Hauptproblem bleibt das der tragischen Schuld, eine kontinuierliche Entwicklung und Nachwirkung von Hegels Deutungsansatz. Für diesen ist das Drama das vortrefflichste Kunstwerk aller Zeiten, die konsequente Durchführung der Dialektik von Staatsgesetz und Gemeinwohl einerseits und der Familienbande, der Pietätspflicht gegenüber dem Bruder andererseits. Antigone verletzt das Recht des Staates, Kreon das der Familie. Die Antinomie zweier gleichberechtigter Prinzipien macht das Wesen der Tragödie aus. Beide Seiten verwirklichen nur das eine der beiden, es herrscht Einseitigkeit vor, der Sinn der ewigen Gerechtigkeit ist, daß beide unrecht haben.

Ähnlich argumentierte der Philologe und Historiker August Boeckh in seiner Berliner Ausgabe von 1843. Im Jahre 1875 konnte Karl Lehrs sagen: »Wir mußten beweisen, daß der armen Antigone ganz recht geschehe.«[2]

Bei Reinhardt nun prallen schicksalhaft miteinander verbundene Personen aufeinander. Sie sind ihrem Wesen nach verschieden und vertreten jeweils verschiedene Bereiche:

---

[1] Einen hervorragenden Einblick in Deutung und Rezeption gibt W. Jens, »Sophokles und Brecht«, in: W. J., *Zur Antike*, München 1978, S. 415 ff. (vgl. auch Anm. zu V. 223 ff.).
[2] K. Lehrs, *Populäre Aufsätze aus dem Altertum*, Leipzig 1875, S. 468.

Kreon einen engen, begrenzten, Antigone einen weitergreifenden. Beide Bereiche verhalten sich zueinander wie das Bedingte zum Bedingenden. Zwei menschliche Zentren mitsamt ihren Welten, in gleicher Exzentrizität, bewegen sich um eine unsichtbare Mitte, jede um ihr Gleichgewicht und Maß gebracht und aus der Bahn geworfen. Die seit Hegel üblichen Begriffe und Kategorien (Sieg – Untergang, Recht gegen Recht, Idee gegen Idee, Familie gegen Staat, tragische Schuld und Sühne, Individuum und Gemeinschaft) sind zu weit und, wenn sie auf ihre Stimmigkeit zu den anderen Sophokles-Dramen geprüft werden, zu eng. Antigone ist für Kreon kein Opfer um der Staatsraison willen, Kreon kommt gar nicht zu der Erkenntnis, daß Antigone ein fremdes, ihm entgegentretendes Gesetz achtet. Der König stürzt, weil er aus eigener Blindheit jedes Maß verliert und in die Hybris treibt. Es handelt sich um die Tragödie zweier im Wesen getrennter, dämonisch verbundener, im Sinne eines Gegenbildes aufeinanderstoßender menschlicher Untergänge.

Von theologischer Seite ergeben sich durch Rudolf Bultmann folgende Aspekte: Antigone hat das Wissen, daß das menschliche Dasein und der politische Raum durch die jenseitige Macht des Hades begrenzt werden. Menschliches Verhalten gedeiht dann, wenn diese Macht respektiert wird. Antigone gehorcht dem alten Nomos der Verpflichtung der Totenehre. Sie folgt aber nicht dem alten Brauch, um in Widerspruch zu einer reformierten Polisidee zu treten, sondern es geht um den Anspruch des Hades als eines unheimlichen Jenseits überhaupt. Der Hades bedeutet keine Sondermacht mythischen Ursprungs, die eifersüchtig auf ihr Recht pocht, sondern ist ein geheimnisvolles, nicht ergründbares Jenseits menschlichen Unternehmens und Rechtsetzens. Aus dieser Macht entspringt echtes Recht und relativiert sich menschlich-gesetzliches Recht.

Hans Diller erkennt eine Verbindungslinie zur sokratischen Philosophie. Antigone weiß, was gottgewollt und menschlich richtig ist. Sie verbindet damit die Einsicht in das

Schicksal, das ihr zuteil wird. Erkennbar wird der heraklitische Gegensatz zwischen dem Wissen, das der tragische Held hat oder gewinnt, und der engen, untragischen Vorstellungsweise seiner Umwelt. Das Verhältnis zwischen Mensch und Gott erweist sich als Grundlage für das Verständnis der Handlung. Es geht nicht um ein »fabula docet«, das nach den Bedürfnissen der Zeit beantwortet werden kann. Das Göttliche – auch in allgemein griechischer Auffassung – kommt nicht von außen auf den Menschen zu, sondern ist in seinem Schicksal immanent wirksam. Von dieser Grundidee her legt Diller den Akzent auf die künstlerische Struktur der Sophokles-Dramen. Typisch für die dichterische Kunst ist die diptychische Form. Die Tragödie zerfällt in zwei deutlich voneinander geschiedene Teile, die nach den Hauptakteuren gegliedert sind. Die Kontrastierung dieser Teile ermöglicht die zwingende Einsicht in den Sinn der Handlung.

Für Wolfgang Schadewaldt bleibt die Frage nach dem Recht Antigones in der Schwebe. Das dramatische Geschehen verwirklicht sich in strenger Gesetzmäßigkeit, im heraklitischen Sinn einer »entzweiten Einheit«. Kreons Edikt und seine Staatsrede setzen die Handlung in Gang, die mit gestuften Widerständen zur dämonischen Verhärtung führt. Die Zäsur zu den Pathosszenen des Schlusses hin bildet der Auftritt des Teiresias mit seinen wissenden, seherischen Worten. Schadewaldt unterscheidet eine Kreon- und eine Antigone-Handlung. Beide Geschehenslinien überschneiden sich: Antigone geht unter und siegt, Kreon unterliegt in seiner politisch-menschlichen Macht. Beide Schicksale sind trotz ihres Gegensatzes eng miteinander verflochten.

Einen entschiedenen, radikaleren Standpunkt nimmt Gerhard Müller ein und bringt damit die Diskussion in Gang: Antigone hat ganz und gar recht, Kreon ganz und gar unrecht. Sophokles ist als Dichter Theologe und macht theologische Aussagen von axiomatischer Strenge. Und dieser theologische Sinn ist faßbar hinter der Meinung des handelnden und irrenden Chores.[3] Das Verhältnis von Schein (Welt des Kreon) und Wahrheit (Macht des Hades) bedingt Antigone als Protagonistin. Kreon ist nicht der Kämpfer gegen die Götter. Das Mädchen hält in schwerem Leiden seine gottgewollte Sache durch. Es verteidigt das Recht der Götter der Unterwelt, ihre Verbundenheit mit dem toten Bruder ist unzerstörbar. Es wird gesellschaftlich und menschlich isoliert, erleidet den Tod und erfährt nicht, warum die Götter es im Stich lassen. Eine große Natur leidet unter dem konventionellen Denken von mittelmäßigen Naturen. Kreon und der Chor erkennen nicht das unbedingte, elementare Recht menschlicher Physis, das die Götter behauptet sehen wollen. Müller erkennt die eigentümliche Technik, daß der Dichter seine Meinung in den Aussagen des Chores mit tragisch-ironischem Hintersinn verbirgt. In der Tat überraschen die Äußerungen der Thebaner immer wieder, indem sie hinter der Realität zurückbleiben oder außerhalb von ihr stehen.

Müller bezieht sich auf das 78. Fragment des Heraklit: »Menschliche Art hat keine Einsichten, göttliche hat sie.« Demnach steht Antigone dem Göttlichen näher als ihre Umwelt, aber nicht durch philosophisches Wissen, sondern durch Treue zum Gebot der Götter, das sich im eigenen Empfinden manifestiert. Im zweiten Standlied (besonders V. 611–614) wird die Macht des Zeus besungen. Der Dichter formuliert hier ein zeitlos gültiges Weltgesetz: Die unantastbare Gottesmacht läßt für das menschliche Dasein keinen wesentlichen Spielraum der Leidlosigkeit. Ernst-Richard Schwinge sieht eine andere Funktion des Chores: Sophokles zeige damit, wie sich die Masse unter einem Tyrannen verhält. Sie geriert sich scheinbar loyal oder bleibt passiv,

---

3 Vgl. im folgenden E. R. Schwinge und H. Patzer und die Zurückweisung durch J. Rode bei W. Jens (Hrsg.), in: *Die Bauformen der griechischen Tragödie*, München 1971, S. 115: »Ob im szenischen Spiel der Charakter des Chores stark ausgeprägt ist oder nicht, ob er stark oder schwach beteiligt ist: die Form des Chorliedes wird davon nicht beeinflußt.«

steht aber im Grunde auf Antigones Seite. D. h. Antigone muß glauben, daß ihr jegliche Anerkennung versagt bleibt, daß ihre Isolation eine totale ist, während im Grunde alle für sie votieren. Antigone und die Tyrannis müssen tief und tragisch leiden, obwohl dies alles unnötig erscheint.

Harald Patzer geht von einer anderen Fragestellung aus und rückt den Begriff der tragischen Schuld in Abwägung der Rollenfunktionen von Antigone und Kreon in den Vordergrund: Wer von den beiden Hauptfiguren ist tragischer Held? Es ist Antigone allein. Nach dem Tod der Heldin findet sich eine letzte große Rehabilitationsszene, die Klage des mehrmals geschlagenen und von den Göttern hart gestraften Kreon am Ende des Dramas. Von Antigone ist mit keinem Wort mehr die Rede. Wenn sich der König unter dem Schlag der Götter windet, wird Antigone von denselben Göttern verherrlicht, aber unter der Bedingung ihres Todes.

Patzer stellt die Frage nach dem Recht neu und sucht die Mitte zwischen Hegel und Müller, berührt sich am engsten mit Schadewaldt: Antigone hat das Recht, das auch Unrecht in sich schließt (sie verstößt gegen die Nomoi des Staates). Kreon hat Unrecht, obwohl er Recht in Anspruch genommen, aber für seine Zwecke mißbraucht hat. So werden für das Drama zwei Begriffe von Hauptpersonen unterschieden, die szenische und die thematische. Menschen von ähnlichem Zuschnitt und ähnlichem Lebensverständnis suchen wie der tragische Held die Gewichte der Macht auszuloten. In der *Antigone* führt der Widerstreit zweier Welten zu einem in aller Schärfe durchgeführten dramatischen Konflikt: »Kreon ist der zu einer Art ›Gegenheld‹ ausprofilierte Untragische« (S. 104). Er wird sogar zum tragischen Gegenhelden, weil eine von ihm als richtig und groß verstandene Sache zum Gegenstand einer sich in Verblendung festgefahrenen Selbstbehauptung macht. Sein Sturz läßt keine Rehabilitation durch die Götter zu. Die Rechtfertigung der wahren tragischen Heldin wird dadurch um so größer. Die Figur des thebanischen Königs könnte wohl zeigen, wie politische Herrschaft Gefahr läuft, bloße Geltung von politischer Leistungsfähigkeit mit dem Schein heldenhaften Durchhaltens zu erzwingen. Bei Kreon zeigt sich das Phänomen einer zweifachen nichttragischen Schuld, die jedem politischen Amtsträger droht, nämlich sein Amt nicht durch Verstoß gegen göttliche Gesetze zu verraten, sondern auch noch zu rechtmäßigem Widerstand herausgeforderte Bürger zu zwingen, schuldig zu werden. So ruft zweifache nichttragische Schuld tragische Schuld hervor.

So erfährt nach der Deutung von Müller, die die Diskussion um das Fehlverhalten zu beenden schien, der Begriff der Schuld eine Differenzierung in Form einer kompromißhaften Lösung zwischen tragischer und (zweifach) nichttragischer Schuld. Die Diskussion über die Frage der »Schuld« wird von neuem offen.

Rösler sieht in der Funktion der Tragödie ein Lehrstück, das gesellschaftliches Sein reflektiert. Für eine demokratisch nicht legitimierte Regierung gibt es keine Kommunikation zwischen ihr und der Bevölkerung. Dadurch fehlt die Möglichkeit, bei Fehlhandlungen korrigierend einzugreifen (hier Verstoß gegen eine religiös fundierte Norm), und die Herrschenden geraten in schwerste Turbulenzen. Kreon stellt seine Position nicht in Frage, er beharrt auf unbedingtem Gehorsam, wirft den Kritikern Gewinnsucht vor. Furcht und Unterdrückung, die nur wenige anzugehen wagen, sind der Rahmen, innerhalb dessen sich die Handlung bis zur Katastrophe vollzieht.

Für Rohdich spiegelt das Drama die tragische Entzweiung des Polisbürgers in das Verlangen nach großer Individualität und das Bedürfnis gesicherter Existenz im Schutz der Polis. Nach Seeck wird in der Figur der Antigone das Menschliche, eigentlich Private über alles Prinzipielle gestellt. Ihre Menschlichkeit ist fast rücksichtslos begrenzt, sie zeigt kein Verständnis für die berechtigten Ansprüche der Gegenseite, nicht einmal für die zögerliche Ismene.

Schottlaender begreift in der Tragödiengestalt der Antigone das erste und schönste Muster des zivilen Ungehorsams gegen unmenschliche Gesetze.

Für Meier, der die Frage stellt, wozu die Athener eine Tragödie überhaupt brauchten, steht das Mädchen für die Bewußtheit eines Denkens, das bestimmte Notwendigkeiten zur Geltung bringt. Der Begriff bürgerlicher Verantwortung nimmt gerade in einer Frau Gestalt an.

Die Antigone-Rezeption

Der Antigone-Stoff ist weltweit in vielen Bereichen (Literatur, Musik und bildender Kunst) rezipiert worden. Einen umfangreichen, national gegliederten Katalog hat Maria Schadewaldt-Meyer im Anschluß an die Übersetzung von Wolfgang Schadewaldt erstellt. Wir beschränken uns hier auf einen Überblick.[4]

Euripides

Die *Antigone* des Euripides, ein frühes Stück, das auf das Sophokles-Drama folgte, ist verloren. Haimons Liebe wird anders motiviert als bei Sophokles, nähere Einzelheiten kennen wir nicht. Eine große Erweiterung der Stoffülle enthalten die *Phoinissen* (etwa 410 v. Chr.). Theben und das schicksalhafte Geschick um die Stadt ist der Rahmen, in dem das Geschehen spielt. Es geht um ein Drama der thebanischen Polis.

---

[4] Ausführlicher: N. Zink, »Die Bearbeitung des Antigonestoffes«, in: N. Z., *Sophokles' Antigone. Grundlagen und Gedanken zum Verständnis des Dramas*, Frankfurt a. M. ³1980.

Racine, Opitz, Hölderlin

In Racines *La Thébaide ou Les Frères ennemis* von 1664 ist der Kampf um Theben, der Sturm der »Sieben« gegen die Stadt, miteinbezogen. Antigone und Haimon sind als Liebespaar dargestellt, Kreon tritt als zweiter Bewerber um Antigones Gunst auf. Um die Herrschaft an sich zu bringen, hetzt er die beiden Brüder gegeneinander. Er begrüßt den Tod des eigenen Sohnes, weil nach seiner Auffassung ein Konkurrent ausgeschaltet ist. Nach Antigones Tod begeht er Selbstmord. Der französische Dramatiker hat seine Konzeption auf ein Intrigenspiel angelegt.

1636 übersetzte Opitz die *Antigone*. Diese Version will in den hohen Stil des Dramas einführen und Dichtung und Theorie in einem rational bestimmten Klassizismus (Vorbarock) eng miteinander verbinden. Opitz lehnt sich an das griechische Original an, den sophokleischen Stil verwandelt er in den Senecas. Inhaltlich zielt das Stück auf einen logischen Schluß. Die Auflehnung menschlich-moralischer Pflicht bedeutet eine Schuld, die Strafe erleiden muß.

1804 erscheint Hölderlins Übersetzungswerk *Antigonä* (in der alten Schreibart). Drei Stilstufen laufen ineinander über: Eine umsetzende Übersetzung (Wiedergabe des Sinnes in freierer Form), eine nachbildende (das Gewicht liegt auf dem einzelnen Wort unter Wahrung der Wortabfolge), eine aus dem Wort- und Sinnverständnis heraus frei deutende, ein erneuerndes Nachvollziehen auf poetischer Ebene. Hölderlin stand ein Originaltext auf philologischer Grundlage nicht zur Verfügung. Hinzu kommt eine für die Zeit charakteristische mangelnde Kenntnis des Griechischen. Hölderlin faßt das tragische Geschehen als Gottesgeschehen auf, als neues Erscheinungwerden der Gottheit, nicht im Sinne einer Epiphanie, sondern einer Dialektik in der Begegnung zwischen Mensch und Gott.

»Antigone« im 20. Jahrhundert

Dramen

1917 findet die Uraufführung von Hasenclevers Stück *Antigone* statt. In das Geschehen werden aktuelle Illusionen projiziert. Intendiert ist die humane Lösung des Widerspruchs zwischen Macht und Humanität. Die Szenenfolge hält sich im ganzen an das antike Vorbild. An der Spitze des Personenverzeichnisses steht als Novität »Das Volk von Theben«. Thematisch sind Revolution und Aufbruch in eine neue Welt. Deutlich ist der Zeitbezug. Kreon spricht wie Wilhelm II., Antigone fungiert als Priesterin der Liebe und der Menschlichkeit. Sie gewinnt das Volk für sich, das zunächst ihren Tod gefordert hat. Sie klärt auf über Krieg und Tyrannei in einem pathetisch gefärbten Pazifismus. Eine Erlösung in christlichem Sinn bildet die höchste Form umfassender Menschenliebe.
Anouilh präsentiert in seiner *Antigone* von 1942 dasselbe Handlungsgefüge wie die antike Vorlage in einem präzisen Parallelismus. Antigone und Kreon sind die Hauptfiguren, hinzu kommt die Figur der Amme (sie spricht einen exponierenden Part), Teiresias fehlt. Anstelle des antiken Chores kommentiert ein Unbeteiligter das Bühnengeschehen. Er weist darauf hin, daß der Ablauf von vorneherein festgelegt ist und zu dem von den Gesetzen der Tragödie determinierten Ziel gelangen muß. Ein kurzer Satz bildet den Schlüssel zur Intention des Stückes, die wiederum in der Interpretation des sophokleischen liegt. Nachdem Antigone abgeführt ist, sagt Kreon: »Polyneikes war nur ein Vorwand.« Antigone möchte ein Leben ohne Rücksicht auf Konventionen, sie möchte ein existentielles Leben, das der jeweiligen Augenblickssituation gerecht wird. Kreon verkörpert das Vernünftige, das jeweils Machbare. Er hat keine Machtposition zu verteidigen, seine Haltung bleibt relativ. Seine Herrschaft ist nur eine Möglichkeit, die Verrücktheiten der Welt

zu verringern. Die absolute Haltung Antigones und die relative Kreons finden ihren Ausdruck im Nein- und im Jasagen. Die Varianten des Stückes dienen einer neuen Gesamtkonzeption, die Neugestaltung interpretiert die antike Vorlage.

1948 erfolgte die Uraufführung der *Antigone des Sophokles* in der Hölderlinschen Übertragung von Brecht. Das Stück enthält einige Änderungen, es geht um den Konflikt zwischen Menschlichkeit und pervertierter Staatsraison. Die Fabel ist realistisch in das Politische umgestaltet. Eteokles und Polyneikes stehen im Feld in dem von Kreon um die Erzgruben von Argos angestifteten Raubkrieg. Eteokles fällt, Polyneikes geht nach Theben zurück und wird als Deserteur von Kreon erschlagen. Kreon verbietet seine Bestattung. Die Bewohner der Stadt werden von einem Sieg der thebanischen Truppen vor Argos in Kenntnis gesetzt. Inzwischen hat Antigone den Bruder bestattet. Der Tyrann erkennt auf Meuterei und Verrat, Antigone soll am Bakchosfest sterben, Haimon kann sie nicht retten. Die Siegmeldung hat sich als falsch erwiesen, es kommt zum Konflikt zwischen Teiresias und Kreon wegen der Beendigung des Krieges. Die Katastrophe bricht erst über die militärische Niederlage der Thebaner herein, Kreon gibt nach, aber Antigone und Haimon sind tot. Antigones Auftrag geht um die Beseitigung der Unmenschlichkeit, gegen die Nichtachtung des Lebens der eigenen Landsleute und gegen den imperialistischen Machtanspruch gegenüber einem anderen Volk.

Brechts Neugestaltung ist ein Gegenentwurf mit verfremdungstechnischem Zweck. Die literarische Vorlage wird für den Zuschauer als bekannt vorausgesetzt, sozusagen als vorgeformte Denkeinstellung. Erstaunen und Befremden erwirken beim Zuschauer Kritik, die zu neuer Stellungnahme und Entscheidung zwingt. Es handelt sich nicht um eine Übertragung des alten Dramas auf die moderne Zeit, sondern um Analogien zur eigenen Gegenwart.

Die Vertonung von Carl Orff

Die Gestaltung des Textes lehnt sich eng an Hölderlins Nachdichtung an. 1949 fand die Uraufführung in Salzburg statt. Klaviere, Harfen, Pauken, Xylophone und Trommeln bestimmen die Klangfarbe des Orchesters. Die Musik untermalt in psalmodierender Monotonie den Sprechgesang. Der Komponist schafft Höhepunkte durch schroffen Wechsel zwischen Piano und Forte, sowie durch Beschleunigung der Tempi. Absoluter Höhepunkt, auch in der extremen Tonhöhe, ist die Soloszene der Antigone am Ende des dritten Teiles.

Prosabearbeitungen

Rolf Hochhuths Novelle *Die Berliner Antigone* von 1964 hat einen unmittelbaren historischen Bezug zu den gerichtlichen Verfahrensweisen im Dritten Reich. Die Berliner Anatomie bekam von 1939 bis 1945 die Leichen von 269 hingerichteten Frauen. Das Mädchen Anne hatte sofort nach einem Fliegerangriff die Leiche ihres wegen Widerstand gegen das Naziregime gehenkten Bruders in einem Einzelgrab auf dem Invalidenfriedhof bestattet. Sie ist mit Bodo, dem Sohn des Generalrichters verlobt. Der Vater konnte nur die öffentliche Bekanntgabe der Verlobung verhindern. Der Sohn, der auch behauptet hatte, Hitler sei am Untergang der 6. Armee in Stalingrad schuld, befindet sich an der Ostfront. Wegen der Bestattung des Bruders im Einzel- und nicht im vorgesehenen Massengrab wird Anne zum Tode durch Enthauptung verurteilt. Durch äußere Umstände bekommt sie 11 Tage Bedenkzeit: Der Generalrichter wird sie retten, wenn sie das Geheimnis des Einzelgrabes preisgibt. Da erhält sie die Nachricht vom Freitod ihres Verlobten, der sie hingerichtet wähnte und bei ihr sein wollte. Anne bleibt bei ihrer ursprünglichen Haltung und kommt auf das Schafott.

In Elisabeth Langgässers Kurzgeschichte *Die getreue Antigone* von 1947 pflegt Carola, deren Bruder im KZ umgekommen ist, das Grab eines unbekannten Soldaten. Sie erbringt die Grabesehren, die sie ihrem Bruder nicht erweisen kann, als Zeichen der Versöhnung, weil sie nicht weiß, wer im Grab bestattet ist: Freund oder Feind. Ihr sie begleitender Freund bezeichnet ihr Tun als Blödsinn. Er ist darüber enttäuscht, daß sich seine Ziele – er war Widerstandskämpfer – nicht nach seinen Vorstellungen verwirklicht haben. Das Verhalten Carolas ist ganz auf den Frieden der Toten gerichtet. Es gelingt ihr, ihren Freund aus seiner Verbitterung und seinem Zynismus zu lösen und ihn in die menschliche Gemeinschaft zu weisen. Es geht ihr um die Überlebenden, die dem Tod der Opfer einen Sinn geben und den Haß unter den Menschen überwinden sollen. Sie will diese Ruhe selbst erwerben, geborgen im Glauben, der durch Liebe gewonnen ist. Langgässer geht über die antike Vorlage insofern hinaus, als ihr Freund nicht mit Kreon vergleichbar ist: Der junge Mann wird verändert und gewandelt. Das Tun des Mädchens ist ganz auf das Leben ausgerichtet.

Inhalt

Antigone	4
Zum Text	108
Zur Metrik	110
Anmerkungen	111
Literaturhinweise	129
Nachwort	131